SHENJI ZONGHE SHIYAN

审计综合实验

主　编　李璞颖　杨　微
副主编　赵　红　覃　溯

西南财经大学出版社
四川·成都

图书在版编目(CIP)数据

审计综合实验/李璞颖,杨微主编;赵红,覃溯副主编.—成都:西南财经大学出版社,2022.12
ISBN 978-7-5504-5549-8

Ⅰ.①审… Ⅱ.①李…②杨…③赵…④覃… Ⅲ.①审计学—实验—教材 Ⅳ.①F239.0-33

中国版本图书馆 CIP 数据核字(2022)第 176097 号

审计综合实验

主　编　李璞颖　杨　微
副主编　赵　红　覃　溯

责任编辑:冯　雪
责任校对:王　琳
封面设计:墨创文化
责任印制:朱曼丽

出版发行	西南财经大学出版社(四川省成都市光华村街 55 号)
网　　址	http://cbs.swufe.edu.cn
电子邮件	bookcj@swufe.edu.cn
邮政编码	610074
电　　话	028-87353785
照　　排	四川胜翔数码印务设计有限公司
印　　刷	郫县犀浦印刷厂
成品尺寸	185mm×260mm
印　　张	10.75
字　　数	200 千字
版　　次	2022 年 12 月第 1 版
印　　次	2022 年 12 月第 1 次印刷
书　　号	ISBN 978-7-5504-5549-8
定　　价	39.80 元

前言

党的二十大报告指出，高质量发展是全面建设社会主义现代化国家的首要任务。未来五年的主要目标包括经济高质量发展取得新突破，国家治理体系和治理能力现代化深入推进等。审计作为国家经济监督体系的重要组成部分，审计部门要充分发挥其保卫国家经济的重要作用，以确保国家社会经济保持健康平稳的运行。《审计综合实验》这本教材是出于提升审计工作的效率，依据应用型审计人才培养目标，以国家和社会需求为导向，为审计学专业学生开设审计实验课程而编写的新商科特色活页式教材。本教材是基于贵州商学院“审计综合实验”课程的教学实践，借鉴马春静主编的《计算机辅助审计实用教程》，参考鼎信诺审计系统操作说明，以及鼎信诺审计系统配套的实训案例，在审计学理论的基础上，对实践中的审计工作进行详细的讲解与操作展示，为学生将审计理论知识运用于真实的审计环境和审计工作中提供指导，培养学生的审计主体意识和兴趣，提升学生的审计综合实践能力，为学生将来参加社会实践或工作奠定基础。

本教材在编写中力争呈现以下特点：

1. 将理论与实践有机结合

审计综合实验是建立在计算机审计的基本方法之上的实践运用，是通过计算机软件执行审计的一系列工作，体现出较强的实用性。为了加强学生的理论认知，向其提供实践依据，本教材在每章节实验活动之前，都会对本章涉及的相关理论进行综述，避免出现学生重实践轻理论的情况。

2. 以真实场景、真实案例、真实操作重现审计工作的全流程

本教材尽可能选取同一个审计案例，按照审计流程进行实验设计，以加强章节之

间的逻辑性和实践操作的连贯性，使学生在实验过程中，完整地领会审计流程并关注审计要点。对于重、难点和关键审计事项，本教材会适度增加实验项目数量和难度，以实现学生对审计软件熟练运用的教学目标。

3. 活页式设计，实时更新内容，凸显新商科实验教材特色

考虑到数字经济时代审计业务的快速拓展和方法技能的快速迭代更新，本教材特别设计为活页式装订，以方便教材内容的实时更新，保证教学内容和方法能与时俱进，培养学生具备先进的审计理论知识、审计思维模式和审计综合技能，为培养应用型审计人才提供优质的实验课教学资源。

4. 增设课程思政设计，践行“三全育人”

习近平总书记强调，要坚持把立德树人作为中心环节，把思想政治工作贯穿教育教学全过程，实现全程育人、全方位育人。因此，本教材在重要章节以审计实务与案例为切入点，从审计视角将知识点拓展至思想政治教育，力求达到理论、实践与思想意识的全方位育人效果，有助于培养立场坚定的高素质审计人才。

诚然，本教材在编写过程中难免存在部分疏漏之处，恳请各位读者包涵并坦诚指出，编者将认真修改，为本教材的完善持续努力。

编者

2022年10月

目录

1 / 第一章　计算机辅助审计技术

9 / 第二章　鼎信诺审计系统简介与系统管理

第一节　鼎信诺审计系统介绍 …………………………………………… (10)

第二节　鼎信诺审计系统的安装和卸载 ………………………………… (11)

第三节　鼎信诺审计系统项目管理 ……………………………………… (13)

第四节　鼎信诺审计系统用户管理 ……………………………………… (20)

第五节　系统基本设置 …………………………………………………… (22)

26 / 第三章　财务数据的采集

第一节　数据采集介绍 …………………………………………………… (26)

第二节　导入数据与数据初始化 ………………………………………… (28)

第三节　财务数据的维护 ………………………………………………… (34)

47 / 第四章　会计报表与总账和明细账

第一节　会计报表 ………………………………………………………… (47)

第二节　总账和明细账 …………………………………………………… (57)

63 / 第五章　测试分析、审计分析与审计抽样的应用

第一节　测试分析 ………………………………………………………… (63)

第二节　审计分析 ………………………………………………………………… (69)
第三节　审计抽样的应用 ………………………………………………………… (70)

76 / **第六章　审计工作底稿的管理与编制**
第一节　底稿的管理 ……………………………………………………………… (76)
第二节　底稿的编制 ……………………………………………………………… (83)

101/ **第七章　审计调整**
第一节　负值重分类调整 ………………………………………………………… (101)
第二节　审计调整分录维护 ……………………………………………………… (103)

117/ **第八章　财务报表项目审计实验**
第一节　实验的组织 ……………………………………………………………… (117)
第二节　实验资料 ………………………………………………………………… (120)
第三节　实验项目 ………………………………………………………………… (128)
实验项目一　项目管理与用户管理 ……………………………………………… (128)
实验项目二　数据导入、数据初始化与数据维护 ……………………………… (128)
实验项目三　应收账款审计 ……………………………………………………… (129)
实验项目四　营业收入审计 ……………………………………………………… (131)
实验项目五　应付账款审计 ……………………………………………………… (133)
实验项目六　管理费用审计 ……………………………………………………… (134)
实验项目七　存货审计 …………………………………………………………… (135)
实验项目八　长期股权投资审计 ………………………………………………… (137)
实验项目九　长期借款审计 ……………………………………………………… (138)
实验项目十　固定资产审计 ……………………………………………………… (138)
实验项目十一　应付职工薪酬审计 ……………………………………………… (141)
实验项目十二　货币资金审计 …………………………………………………… (142)
实验项目十三　业务完成阶段审计工作 ………………………………………… (147)

150/ **参考文献**

第一章 计算机辅助审计技术

随着计算机技术、现代通信技术及互联网技术的进步，信息技术被广泛应用于社会各个领域。就企业而言，会计信息系统已经普及，企业管理高度信息化，审计环境发生了翻天覆地的变化，传统的审计技术已经不能适应信息技术快速发展的需要，计算机审计应运而生并快速发展起来。随着信息技术的快速发展，审计软件的功能越来越丰富，适用范围也在不断扩大。在信息管理系统中，审计软件的地位和作用是不可替代的，它是推进信息化审计进程的有力保障。

一、计算机辅助审计技术的含义

计算机辅助审计技术是通过借助计算机软件来实现自动化审计工作的技术，来提高审计工作的效率、水平和质量。

（1）改变传统的手动审计的工作方式，如在准确测试数据报告等方面。

（2）在传统手动审计无法完成的情况下，可借助计算机信息技术对其进行测试和分析。比如：计算机辅助审计技术应用于实质性程序中的细节测试与分析程序，审阅海量数据，审阅异常的交易与事项；应用于控制测试，能够准确测试每一笔交易数据，以确保避免出现控制失效的局面，可以使交易在系统中进行穿行测试。

（3）使审计抽样的应用更为简单轻松，还可以选择大样本。

（4）借助计算机技术不需要考虑工作时间问题，可以确保审计工作长时间保持高效运行。

计算机辅助审计技术不仅能降低审计工作的难度，还能减少审计工作量以及消耗的资源。

二、计算机辅助审计的步骤

（一）审前调查

第一，要了解和掌握信息系统在企业内部的使用情况。第二，要了解与信息系统相关的子系统，比如软硬件系统、数据库、系统管理员以及应用系统开发情况等。第三，根据审计数据信息的实际需求，明确采集数据信息的方式和渠道。

（二）采集数据

在审前调查提出数据需求的基础上，采用一定的工具和方法从被审计单位信息系统和数据库中或其他来源中获取相关电子数据。

常用的数据采集方式有以下几种：

1. 直接拷贝和直接读取数据

（1）直接拷贝是直接从被审计单位信息系统的数据存储目录中获取数据。

（2）直接读取数据是利用被审计单位信息系统提供的备份工具，直接拷贝以前年度备份的数据。

2. 利用数据库管理系统的数据导入导出工具

很多数据库管理系统都自带数据导入导出工具，比如 SQL Server 数据库。

3. 实体迁移

如果被审计单位信息系统数据库与审计软件系统数据库类型相同（都使用 SQL Server），则可以直接将需要的数据库实体迁移到审计人员的电脑中。但需要注意的是，实体迁移的方式要求被审计单位数据库处在空闲状态。但在实践中，网络版的财务系统往往有较多会计人员使用，系统处于繁忙状态，如果将后台数据库管理系统停下，势必影响被审计单位的正常工作，当再次启动时如果因病毒感染等因素而不能正常启动，也会加大审计风险。因此，一般可通过以下两种方法进行数据实体迁移：

（1）先备份后恢复。

先备份后恢复是利用被审计单位的财务系统本身具有的备份功能或采用数据库备份操作，将目标数据备份后拷贝到审计人员的电脑中，然后再还原。这种方法不必停用数据库，但是备份耗时较长，影响效率。

（2）利用审计软件中的专用数据获取工具。

有一些专门针对财务系统的数据提取工具，如鼎信诺审计系统中的审计前端、用友审易软件中的专用取数工具包等，都可以直接从财务系统中获取数据。

（三）数据整理

数据采集后必须对原始电子数据进行整理与转换，使其满足后续数据分析的需要。数据的整理与转换可以采用 SQL Server、Excel 软件等来实现。一般的审计软件也都提供了自己的数据转换工具。

（四）数据验证

在数据采集、整理、转换、分析、测试的整个计算机审计过程中，不断地对数据进行检查验证，以确定审计的电子数据的准确性、正确性、一致性、连贯性和完整性。验证的内容与方法主要包括检查借贷平衡、总账与明细账金额核对、凭证与科目月余额表的核对、有关数据间的钩稽关系验证、凭证编号的验证等。

（五）数据测试分析

利用审计软件或者 SPSS 等统计分析软件、SQL Server 等数据技术，对采集来的电子数据进行测试分析，从中发现审计疑点，获取审计证据，编制审计工作底稿，完成审计工作。

三、计算机辅助审计技术运用的基础知识

（一）审计软件

审计软件是指为实现计算机辅助审计而编写的各种计算机程序。它可以改变手工审计造成的低效率和审计证据不充分，以及不规范登记审计档案等问题，以此来降低审计工作存在的风险，进一步提高审计工作的效率。

1. 审计软件的种类

按照应用的目的和范围不同，审计软件主要分为以下几种：

（1）现场作业软件。

现场作业软件是指审计人员在进行审计作业时应用的软件，它可以实现获取、转换和处理会计数据及业务数据的功能，并对数据进行审计分析测试，编制生成审计工作底稿，如鼎信诺、审易、AO 现场审计实施系统、审计之星等。

（2）法规软件。

法规软件是建立法规库、搭建法规查询平台、帮助审计人员在法规库中快速查找所需要的法规条目及内容的软件。

（3）专用审计软件。

专用审计软件是指为完成特殊审计任务而专门设计的审计软件，如材料成本审计软件、基建审计软件。有些更专业的软件一般只有审计及专业的财务人士或者内部控

制专家等才会使用，使用门槛相对较高。

（4）审计管理软件。

审计管理软件主要用于计划安排审计工作、分配审计任务、构建审计方法平台、实施审计质量监控与审计档案管理。

现行的审计软件通常将审计管理软件融入审计作业软件。

2. 审计软件的工作原理

审计软件通常遵循审计准则与其他审计规范，将审计技术方法加以规范，构成不同的审计功能模块与模板，并使其程序化运作。其工作原理就是按照审计流程，首先创建审计项目，从被审计单位取得财务账套数据，并转换处理成标准格式的数据生成审计账套；其次运用审计软件预置的审计功能进行审计查询、抽样、分析、测试，并利用审计工作底稿平台，调用模板完成相应审计工作底稿的编制；最后根据审计工作底稿中记载的审计证据得出审计结论，形成审计报告，并对审计项目进行备份归档，完成整个审计工作。

（二）数据库相关内容

1. 基本概念

（1）数据库。

数据库是为了实现某种目的而按照一定规则组织起来的数据的集合。在计算机辅助审计中应用比较广泛的数据库是关系型数据库，其数据按照二维关系表的方式进行存储。

（2）表。

表是组织和存储数据的对象，在关系型数据库中，它由行和列组成。数据库是表的集合，数据库的数据与信息都存储在表中。比如一个图书销售系统中，有图书明细表、图书类别表、出版社信息表、作者信息表、工作人员表、客户信息表、销售明细表等。

（3）字段。

表中的一列数据就是一个字段。每个字段包含某一专题的信息，例如通讯录数据表中，“姓名”“联系电话”“电子邮件”“通信地址”，都是表中所有行共有的属性，所以把这些列称为“姓名”字段和“联系电话”字段等。字段具有自己的属性，如字段类型、字段长度等。

（4）记录。

表中的一行就是一条记录。每一条记录包含这行中的所有信息，就像在通讯录数据表中某个人全部的信息。

（5）值。

数据库中存放在表的行与列交叉处的数据叫作值。它是数据库中最基本的存储单元。一个值用于描述一个事物某一方面的性质。

2. 常见数据库管理系统

（1）Access。

Access 是 Microsoft Office 中的一个重要组成部分，它是能够与 Office 产品的 Word、Excel 等软件实现无缝集成的办公自动化系统。其文件后缀名为“. mdb”。

（2）SQL Server。

SQL Server 功能强大，在会计信息系统、企业管理系统中应用广泛。其文件后缀名为“. mdf”（主文件）和“. ldf”（日志文件）。

（3）Oracle。

Oracle 在管理信息系统、企业数据处理、互联网及电子商务等领域有着非常广泛的应用。其文件后缀名为“. dmp”（备份文件）。

（4）Visual FoxPro。

Visual FoxPro 是可视化功能强大的数据库管理系统平台。其文件后缀名为. dbf。

（三）计算机辅助审计技术

1. 针对系统的计算机辅助审计技术

（1）平行模拟法。

平行模拟法是审计工作人员将审计所需的数据信息导入审计软件中，在编制审计指令后，开启审计软件进行审计工作。可通过将审计软件产生的结果与传统审计方法的结果进行对比，来检验审计软件的实际效果。

（2）测试数据法。

测试数据法是指注册会计师运用被审计单位的系统，输入自己已经准备好的数据文件，执行被审计单位生成信息的指令，对比两者结果，以此确定被审计单位的控制是否有效。

（3）嵌入审计模块法。

嵌入审计模块法是指审计人员在被审计单位的信息系统中嵌入审计模块，以直接识别特定的交易并判断其合理性。

（4）程序编码审查。

在发现被审计单位信息系统开发代码中的恶意、错误或冗余代码时，审计人员可以利用专业的程序编码审查工具。

（5）对比和跟踪程序代码。

审计工作人员通过专业的编码工具编写不同版本的程序代码，并对其进行跟踪比较，来检验程序代码的有效性。

（6）快照。

审计工作人员借助专业的快照工具抓拍审计系统所需的静态图片，将其导入审计软件中进行分析和对比，来检验系统的功能和运行状态。

2. 针对数据的计算机辅助审计技术

针对数据的计算机辅助审计技术被广泛地运用在各种审计程序和方法中，包括审计抽样、数据查询和分析、账表分析、统计分析等。

一般而言，计算机辅助审计技术可以用于风险分析、控制测试、实质性分析程序中，通过分析结果为审计判断提供依据。

课程思政设计

【思政元素】

社会主义核心价值观：公正、法治、诚信、敬业。

审计职业素养：与时俱进，创新发展。

【思政内容】

审计职业道德主要指的是从业者的行为和素质，比如价值观、保密性、专业性和公正诚信等基本素质。无论是计算机审计还是传统审计，这些职业道德的基本原则不会发生改变，并且与社会主义核心价值观是相符的。学好审计、做好审计，特别是在信息技术发达、经济活动多元化的当代，保持公正、法治、诚信、敬业的价值观并将其实践在执业过程中，更为重要。

信息技术的发展为审计提供了新的方法，计算机审计就是重要体现。现代审计人员应该把握技术前沿，与时俱进，充分运用新技术创新工作方法，提高审计工作的效率和效果，使审计职业在新时代得到更好的发展，为国家和社会的进步发挥积极作用。

【思政目的】

提升职业素养，树立创新意识。

【思政案例】

XY 市审计局开展计算机审计，提升审计工作质量

XY 市审计局为应对审计内容增多和审计质量提升的新形势，20××年以来，引入计算机软、硬件融入该市的审计工作，帮助自身提高审计效率、降低审计风险、优化审计质量。该市审计局从以下几个方面运用计算机技术，取得了积极成效，推进了该市政府审计工作的发展。

首先，审计局引进专业的计算机软件进行审计，同时结合实际工作，设计出操作简单、实用的小程序，对一些过去需要人工操作、繁杂且重复的工作进行批量处理，这不仅节约了审计人员的时间，缓解了审计人力不足的问题，而且降低了人为犯错的概率，提高了工作效率。

其次，审计局建立了数据库，该数据库包含所有执行过审计业务的审计对象、审计计划、审计实施方案、审计报告等，实现了对审计线索的快速检索和查阅。这也为后续审计工作的计划制订、质量控制和成果运用等提供了参考。

最后，审计局制定了相应的激励机制，鼓励工作人员学习计算机知识，参加相关的培训和考试，使用计算机审计。对运用计算机审计查出重大违纪问题的情况予以奖励，大大激发了审计人员的创新热情，推进了计算机审计在全市审计工作中的运用。

通过计算机审计工作的推进，该局的审计工作成果突出，查处违纪违规问题多项，违纪金额达数百万元，避免了国家财政资金的滥用和国有资产的流失。

【审计知识 tips】

推进智能审计，服务社会主义现代化全面建设

随着信息时代的到来，审计工作的方式发生了变化，为提升审计工作的效率创造了条件。2015 年 12 月 8 日，中共中央办公厅、国务院办公厅印发的《关于实行审计全覆盖的实施意见》指出，创新审计技术方法是实现审计全覆盖的一个重要手段。中共中央总书记、国家主席、中央军委主席、中央审计委员会主任习近平 2018 年 5 月 23 日在主持召开的中央审计委员会第一次会议上指出：“要坚持科技强审，加强审计信息化建设。”

党的二十大报告明确了新时代新征程我党以中国式现代化全面推进中华民族伟大复兴的使命任务。报告指出，未来五年是全面建设社会主义现代化国家开局起步的关键时期，主要目标任务包括：经济高质量发展取得新突破、科技自立自强能力显著提升、构建新发展格局和建设现代化经济体系取得重大进展等。

服务社会主义现代化建设，对审计事业的发展提出了新要求，应该重视审计发挥

经济监督与咨询职能的重要作用。党的二十大报告指出“落实全面从严治党政治责任，用好问责利器”“发挥政治巡视利剑作用，加强巡视整改和成果运用”，可见我国的审计工作将面临新的形势和新的任务。

但是，诸多被审计对象呈现出信息化程度高、数据量大且复杂的特点，审计面临着巨大的挑战：一是大数据处理能力不足。传统审计数据库的数据采集，以及运算能力比较低，很难分析计算大量的审计数据信息。二是自动化抽样审计数据的程度偏低。传统的审计工作大多都是依赖人工，缺乏自动化的检查和抽样工具，所以往往审计范围十分有限，导致审计效率普遍偏低。三是缺乏智能化应用软件。传统的审计工作主要是根据审计工作者以往的从业经验和专业知识进行判断。在抽取审计数据之前设定好取样规则，找出高风险审计数据样本。众所周知，审计效果与审计工作的专业能力和工作经验存在很大的关系，但传统的审计数据信息的方法导致工作人员无法预测审计风险。为处理这种情况，催生了大数据、人工智能和区块链在审计工作中的运用，进一步提高了审计技术和识别审计风险的效率，从而打造出性能更齐全的智能化审计系统，构建了审计信息网络，帮助审计人员更方便、高效地处理审计数据，以便更好地服务于社会主义现代化建设。

第二章 鼎信诺审计系统简介与系统管理

本教材以鼎信诺审计系统为例，介绍审计作业软件的应用。鼎信诺审计系统具有以下特点。

一、规范性

鼎信诺审计系统是根据注册会计师的审计标准、审计流程和要求来设计的，其根据《中华人民共和国国家审计准则》《财务报表审计工作底稿编制指南》及《企业会计准则》等法律法规的规定，体现了风险导向审计理念，将风险识别与评估、风险应对结合为一个整体。

二、适用性

鼎信诺审计系统可以从多种专业财务软件中采集数据。它既适用于单个公司的审计工作，也可适用于多个公司的审计工作。该系统能够保存多个审计项目的数据信息，能查阅某一项目数据取样的年限和单位来源，具有较强的适用性。

三、开放性

鼎信诺审计系统内的各种显示格式、计算方法和打印文档的格式等内容，都可由审计人员在系统后台进行添加、删除、调整和修改。此外，系统还能导入和读取各种不同的审计数据，完成数据采集后，可将数据导入不同的项目或计算机系统中进行加工和处理，最后导出加工处理的数据结果。

四、简易性

鼎信诺审计系统安装简便，它不仅为审计人员提供了便捷的使用界面，设置了许多引导性的功能，降低了审计人员的操作难度，而且提供了多种辅助功能、快捷操作方式和在线帮助等功能。

五、安全性

鼎信诺审计系统的处理和管理数据信息的模式具有一定的科学性和安全性，能够保障数据信息安全地保存在系统后台之中。

第一节　鼎信诺审计系统介绍

鼎信诺审计系统包括鼎信诺审计软件和鼎信诺审计前端两个部分。

一、鼎信诺审计软件

如图 2-1 所示，鼎信诺审计软件操作主界面由菜单栏、底稿向导、功能区三个部分组成。

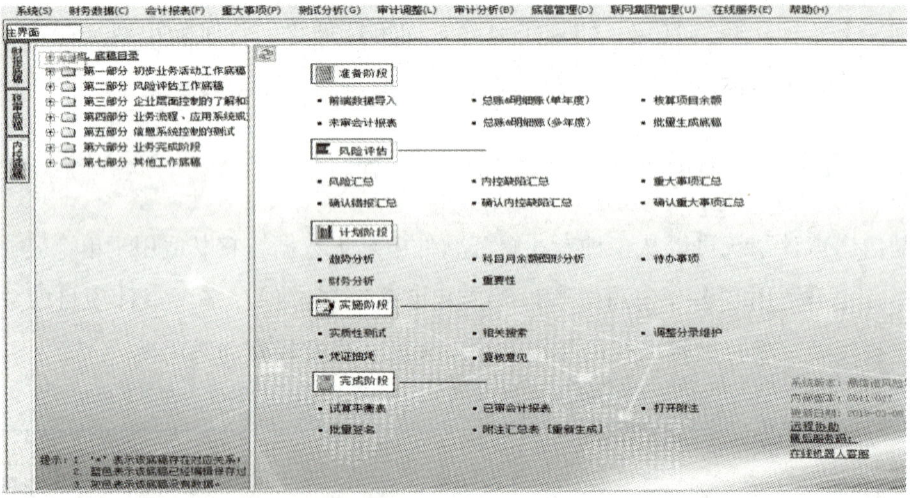

图 2-1　鼎信诺审计软件操作主界面

（一）菜单栏

菜单栏包括系统、财务数据、会计报表、测试分析、审计调整、审计分析、底稿管理和帮助八个主菜单。每个主菜单都有若干个二级子菜单与三级子菜单。例如，系统菜单下有项目维护、项目管理、更换项目、用户维护、更换用户、基础信息维护、生成审计前端文件、系统配置等二级子菜单，而项目维护下有创建项目、修改项目、删除项目三级子菜单。

（二）底稿向导

底稿向导是审计工作底稿的树状目录菜单，包括底稿目录、初步业务活动工作底稿、风险评估工作底稿、控制测试工作底稿、实质性程序工作底稿、业务完成阶段工作底稿、永久性档案、审阅业务底稿、其他鉴证业务底稿等。通过底稿向导，可以进入各个审计工作底稿。展开“底稿向导”树状目录至最末级，如果底稿名称显示为黑色，表示该底稿有数据；显示为灰色，表示该底稿无数据；显示为蓝色，表示该底稿已经编辑并保存；底稿名称后带“＊”标志的，表明与报表项目存在对应关系。

（三）功能区

在功能区，按照审计工作的业务流程——准备阶段、计划阶段、实施阶段、完成阶段，设计了前端数据导入、总账及明细账、核算项目余额、查看非附件凭证、未审会计报表、趋势分析、科目余额图形分析、财务分析、重要性、计划实施的实质性程序、控制测试、实质性程序、相关搜索、期初及期末调整分录维护、凭证抽凭、试算平衡表、已审会计报表、打开附注等主要功能按钮。

审计人员还可以根据自己的习惯将常用的功能添加收藏到“功能选项”中，如备份项目、恢复项目等，以方便在审计工作中快速调用有关功能。

状态栏显示当前项目名称、审计期间、用户等基本信息。

二、鼎信诺审计前端

鼎信诺审计前端是数据采集工具，用于采集被审计单位的电子数据（通常是会计账套），并将电子数据转换成鼎信诺审计软件可以读取的审计前端数据（＊. sjc）。鼎信诺审计前端能够采集的对象覆盖了目前市场上应用较广的财务软件，如金蝶、用友、远光、万能财务、中财信、易飞 ERP、永信和金算盘等软件。

第二节　鼎信诺审计系统的安装和卸载

一、鼎信诺审计系统的运行环境

（1）配置。

鼎信诺审计系统的最低硬件配置为：奔腾 166、256M 以上内存、200M 空余硬盘空间、键盘和鼠标。

（2）系统。

鼎信诺审计系统可用于 Windows 系列的操作系统。

（3）相关程序。

应用鼎信诺审计系统时需要安装 Word、Excel、SQL Server 或 MSDE，有时数据库类型必须是 SQL Server。

二、鼎信诺审计系统的安装与卸载

（一）鼎信诺审计系统的安装

鼎信诺审计系统提供了简便的自动安装向导，我们在安装时只需按照提示逐步完成即可。但要注意，在安装软件前，不要插上服务器（加密狗），并且要退出其他应用程序。

第一步：检查安装环境。

双击安装程序，系统弹出鼎信诺审计系统安装窗口，自动进行安装环境检查。安装系统前应退出其他应用程序，如果有其他程序未关闭，将提示未通过安装环境检查，此时需要根据提示退出相关的应用程序，然后再重新检查安装环境。

第二步：确认许可协议。

系统在检查安装环境通过后，就可以进入【下一步】，系统出现版权声明，需要确认许可协议。

第三步：选择安装路径。

确认许可协议后，进入【下一步】，设置安装路径。

第四步：开始安装。

安装路径选好后，进入【下一步】，点击【开始安装】按钮，即可完成系统的安装。

（二）鼎信诺审计系统的卸载

单击“开始”选项，在应用程序中找到“卸载鼎信诺审计系统”，单击卸载按钮，系统会提示是否确定删除应用程序的选项，单击“确定删除”后即开始卸载相应系统。

三、鼎信诺审计前端的安装与卸载

（一）鼎信诺审计前端的安装

鼎信诺审计前端是一个压缩包，要利用 WinRAR 软件进行解压，否则无法安装。在安装之前将前端文件导入电脑系统中，打开压缩包点击鼠标右键，选择解压，然后运行 DATAGET. EXE，即进入取数界面。

（二）鼎信诺审计前端的卸载

鼎信诺审计前端免安装，因此，只要删除整个文件目录即可完成卸载。

第三节　鼎信诺审计系统项目管理

一、创建项目

应用审计软件开展审计作业是以审计项目为基础的，所以首先要创建审计项目。如图 2-2 所示，先点击主界面中左下角的“创建项目”。

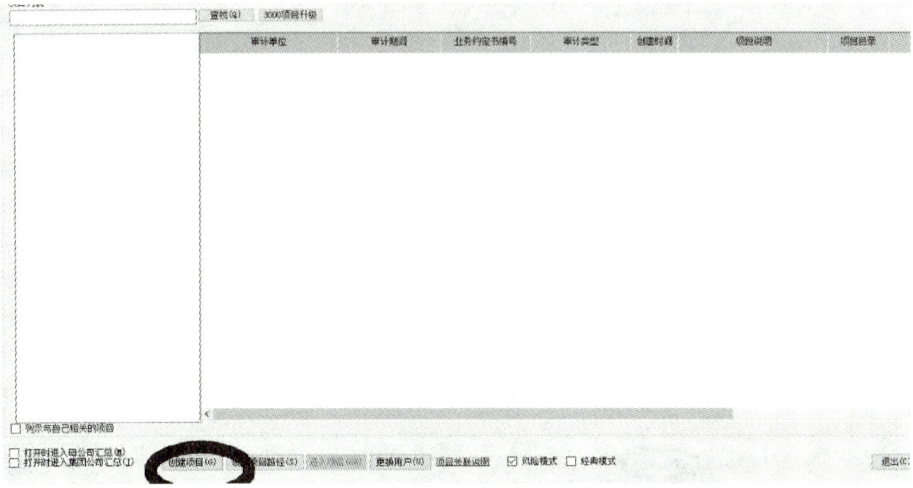

图 2-2　在主界面中创建项目

在鼎信诺审计软件系统中，创建项目就是增加审计项目。创建项目分为以下四种情况：

（1）初始创建项目，在“登录项目”窗口的左下方点击“创建项目”按钮。

（2）后续创建项目，可在“登录项目”窗口创建新项目；或者在菜单系统和创建栏目创建所需的后续项目。

（3）在原有项目的基础上生成全新的审计年度，主要是在连续审计的情况下需要导入同一公司不同年度财务数据时使用。

（4）在当前项目下创建分公司或者子公司的子项目，主要是在集团审计时使用。

【例 2-1】初始新建项目的创建：东盛会计师事务所对紫金股份有限公司 2020 年财务报表进行年报审计，并生成新的审计项目。

操作步骤如下：

第一步：启动系统。

双击 Windows 桌面上的“鼎信诺审计系统”图标，即可跳转到开启程序的界面，点击确认开启程序选项，就会自动进入审计系统。在连接服务器窗口输入用户名、端口号（默认 2030）、服务器 IP 地址后，进入项目登录窗口。

第二步：设置项目路径。

在创建项目前，先在项目登录窗口设置项目路径。默认的项目路径是“C：\ Program Files \ dinkumsj \ ”，系统允许更改项目存放的路径。如果要改变项目路径，点击【设置项目路径】按钮，弹出项目路径窗口，点击【浏览】按钮选择要存放项目的路径（见图 2-3）。

图 2-3　设置项目路径

第三步：创建项目。

在项目登录窗口点击【创建项目】按钮，进入创建项目向导。

（1）输入项目名称“紫金股份有限公司”（见图 2-4）。

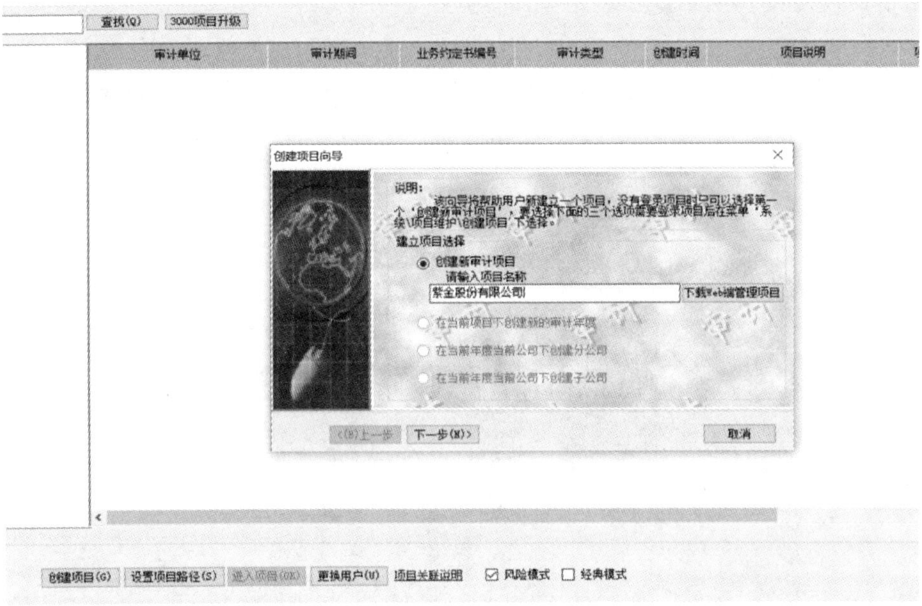

图 2-4　输入项目名称

（2）点击【下一步】，设置审计期间 2020 年 1 月至 12 月，选择创建公司情况为【创建单一公司】（见图 2-5）。

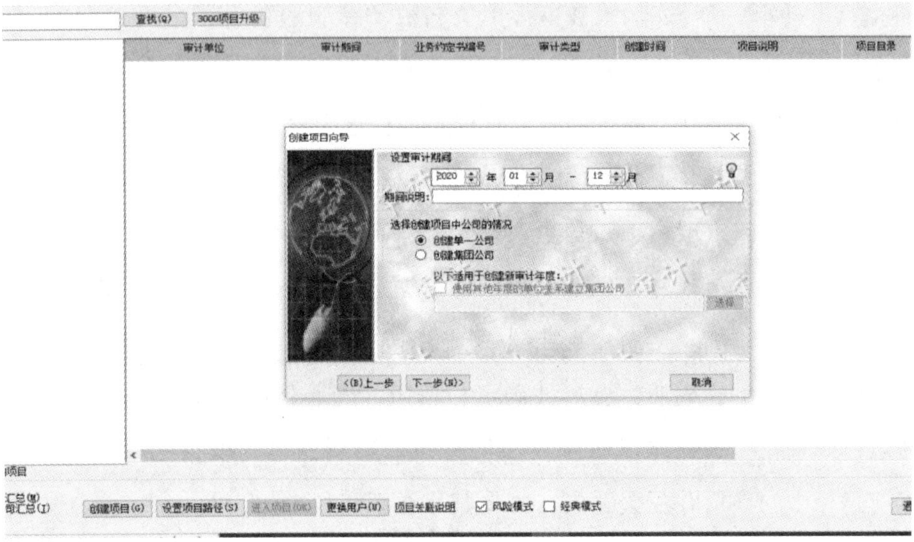

图 2-5　设置时间及创建单一公司

（3）点击【下一步】，将财务报告会计制度设置为 2006 年企业会计准则，并标注好主附目的种类（见图 2-6）。

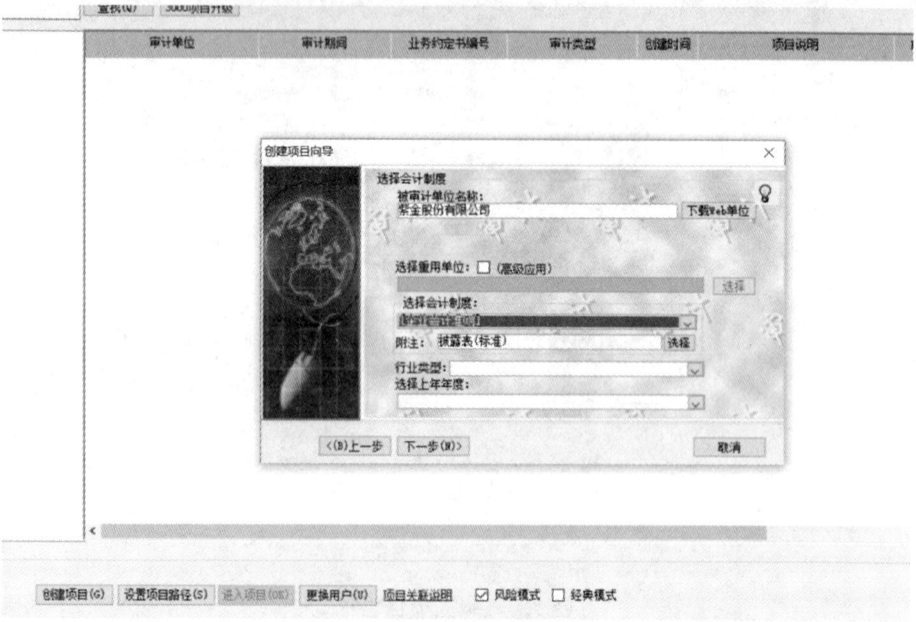

图 2-6　选择会计制度及附注

注意：财务报告编制基础（会计制度）选定后不可以更改。

（4）点击【下一步】，输入被审计单位名称“紫金股份有限公司”，输入审计机构为“东盛会计师事务所”，输入其他信息。创建项目向导。

（5）点击【下一步】，设置用户及其权限。在这个窗口中系统默认的是“系统管理员”这一虚拟用户，默认其拥有系统的所有权限，可以在这个窗口中设置登录密码。在审计实务中，一般由项目负责人掌管“系统管理员”账户。

提示：项目组成员最好在创建项目成功后通过“用户维护”功能来添加并分工，而不是在这个窗口添加。最后，点击【完成】按钮，系统自动导入项目底稿数据等信息后，提示项目创建成功，点击【确定】按钮，进入登录项目窗口。

注意：如果在项目创建以后修改项目路径，则新创建的项目会存放到新的路径中，以前路径中的项目并不会丢失，可将其移至新路径中。

【例 2-2】创建新的审计年度。接【例 2-1】，东盛会计师事务所对紫金股份有限公司 2021 年财务报表进行年报审计，在原紫金股份有限公司审计项目下创建新的审计年度 2021 年度。

操作步骤如下：

（1）在项目登录窗口点击【创建项目】按钮，进入创建项目向导。

（2）选择“在当前项目下创建新的审计年度”（见图 2-7）。

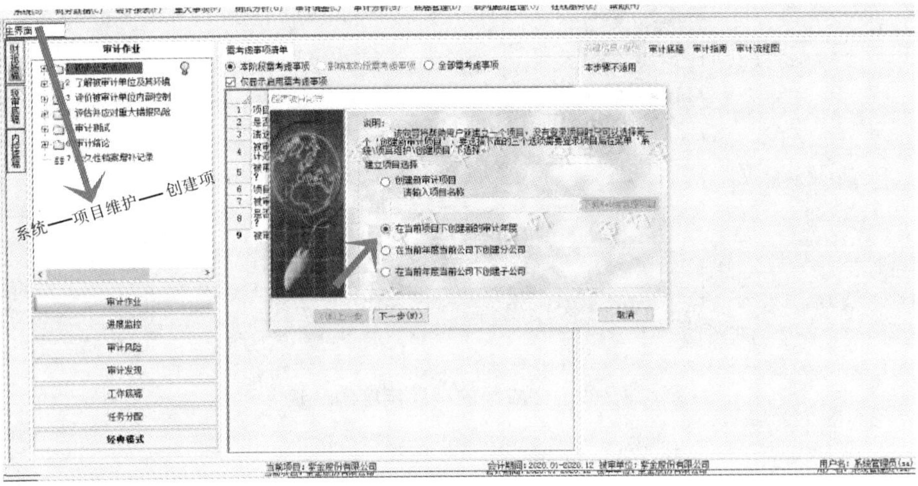

图 2-7　创建新的审计年度

（3）点击【下一步】，将审计时间设置为 2021 年 1 月至 12 月（系统默认为下一年度），选择创建公司情况为创建单一公司（系统默认）。

（4）点击【下一步】，在“选择财务报告编制基础（会计制度）”窗口选择“已有单位”，并选择“上一年度”（2020 年 1 月—12 月）（见图 2-8）。

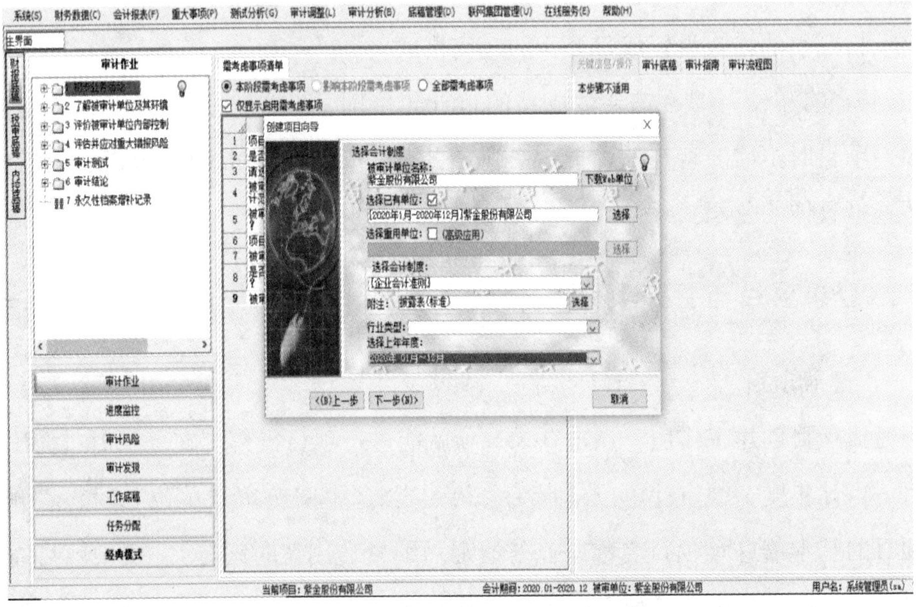

图 2-8　选择会计制度

（5）点击【下一步】，点击【完成】，即完成新的审计年度的创建（见图 2-9）。

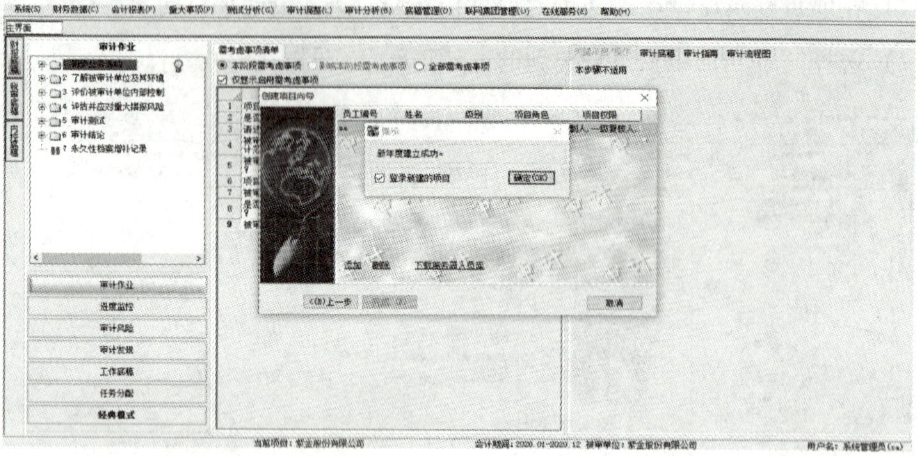

图 2-9　完成新的审计年度的创建

提示：

（1）选择上一年度的作用。

如果创建项目时选择上一年度，在依次导入两年以上的数据后，系统会在本年项目中自动识别上一年度并读取上年数据。

（2）会计制度选择时的“重用”与“已用”的区别。

“选择重用单位”是确定当前项目所需的报表格式和底稿格式。比如，某一集团的底稿格式是固定的，那么在生成子公司项目时只能选择重用单位选项，此时系统会自动将项目底稿的格式设置成母公司的底稿格式。

“选择已有单位”是在需要生成新的审计年度时，获取企业上年度的数据信息。审计单一项目时不需要特定的设置，系统会自动生成设置，对于多个公司项目，需手工设置选择具体的公司。

二、登录项目与更换项目

（一）登录项目

当完成项目创建工作后，点击登录选项就能进行项目操作。在登录窗口会出现审计项目、审计年度、被审计单位（母子公司），当选中“被审计单位”时，右侧显示当前项目的基本信息（项目名称、业务约定书编号、创建时间等）。登录项目需要合法的身份，点击项目中登录信息选项，输入用户的账号和密码，点击确认信息选择，就会自动登录系统进行操作。用户管理员的账号设置为 sa，没有密码。

（二）更换项目

更换项目是在多个不同的审计项目间进行切换。更换项目窗口与登录项目窗口相同，更换时，必须拥有新项目的合法用户身份，通过用户编号和密码登录新项目。

三、修改项目

在登录项目后，若要修改项目信息，只需在系统修改栏中点击确认修改项目信息，即可进行修改。

修改项目是针对当前的项目信息进行修改。如被审计单位名称、审计类型和机构、项目经理、注册会计师、项目时间、被审计单位适用的财务报告基础（会计制度）及附注披露格式、会计期间（会计年度、期初期末时间、账期、上一年度）等。

四、删除项目

删除项目有以下两种方式：

第一种是在登录项目后通过“系统/项目维护/删除项目”菜单功能来实现。“删除项目”是针对已打开的项目进行删除的操作，如果当前打开项目下还包含子分项目，则子分项目将一起被删除。如果当前打开的只是子分项目，则只删除子分项目。

如果是包含多个年度的项目，只删除打开年度的项目。

第二种是打开项目存储路径，找出准备删除的项目文件夹，删除该项目文件夹即可。项目被删除后不能恢复，所以删除项目要慎重。

五、导出项目与导入项目

导出项目与导入项目这两个功能主要用于数据交换。

（一）导出项目

导出项目是根据项目审计结果重新创建一个新的数据文件夹，一般格式为“sjg”，可存放在指定目录中并可重新命名。在审计实务中，通常由项目经理在创建项目并导入数据后，进行一些前期的操作，然后用“导出项目”功能，将该项目数据导出并分发给项目组成员。

（二）导入项目

导入项目是将项目原先生成的文件夹导入当前操作系统中，这样该系统就能读取和应用文件夹中携带的数据文件。

注意：

在导入项目的过程中要注意，系统会自动覆盖项目原有的数据，所以应该事先保存项目原有的数据，防止数据丢失。

六、备份项目与恢复项目

（一）备份项目

为了避免数据发生意外的丢失或损坏，需要对项目进行备份，将当前打开的项目内所有的信息，包括数据表中的数据、用户信息、权限等备份到指定的目录中，形成一个项目文件夹。

（二）恢复项目

恢复项目是从系统备份中还原系统以往的项目数据。

注意：

备份项目/恢复项目与导出项目/导入项目之间的区别：备份项目/恢复项目是项目全部信息，既包括数据，也包括用户、权限等其他信息；导出项目/导入项目不是项目所有的信息，它只显示数据库中的数据，不显示其他的用户信息、权限等内容。

第四节　鼎信诺审计系统用户管理

在鼎信诺审计系统中，用户管理主要通过“用户维护”“底稿分工”和“更换用户”三个子菜单实现。

一、用户维护

“用户维护”有两个子菜单：全部成员与项目组成员。打开每一个窗口，都有添加、修改、删除用户功能。

（一）添加用户

添加用户是指在当前成员列表中，添加一个新的用户信息，并对其分配一定的权限。

（二）修改用户

修改用户是针对某一个用户的账号、密码和使用权限等内容进行修改。

（三）删除用户

删除用户是指删除当前项目中某一个登录的账号。删除用户不会删除该用户保存的数据。

注意：

（1）只有拥有用户信息管理权限的管理员才可以进行“添加用户”“修改用户”“删除用户”的操作。这个权限分配最初可由创建项目的“系统管理员”进行设置。

（2）通常，先在“全部成员”库中添加用户，然后再加入“项目组成员”库。

（3）“系统管理员”是一个特殊的虚拟用户，创建项目时系统默认其拥有全部权限，可以进行项目的全权维护与管理，在其他用户丢失账号与密码时，可以通过“系统管理员”重置。在项目组成员创建后进行底稿的分工时通常不赋予其任何分工。

（四）修改当前用户信息

当前登录用户可以在信息修改界面修改自己的基本信息，比如在项目组成员发生接替更换时，可能用到这个功能。

【例 2-3】为东盛会计师事务所的紫金股份有限公司审计项目添加登录用户，并进行相应的角色分工和授权，相关信息见表 2-1。

表 2-1　紫金股份有限公司项目组成员

用户编号	姓名	级别	分工角色	权限
01	刘林	合伙人	项目合伙人	默认
02	王华	项目经理	项目经理	默认
03	赵明	高级审计师	项目小组成员	默认
04	杜英	审计师	项目小组成员	默认
05	李晶	助理审计师	项目小组成员	默认

操作步骤如下：

（1）以系统管理员身份登录项目，点击“系统/用户维护/全部成员”打开全部成员维护窗口，录入相关信息后保存。

（2）在窗口中将上述 5 条项目组成员记录勾选上，然后点击【加入项目组】。

（3）点击“系统/用户维护/项目组成员”打开项目组成员维护窗口，为每一个项目组成员设置密码（可不设），再利用下拉列表选择分工角色。

（4）点击【权限设置】按钮，在弹出的权限设置窗口对相应的项目组成员进行权限设置。

（5）点击【确定】【保存】按钮，完成项目组成员的添加。

二、底稿分工

对于用户权限，可以在“项目组成员”列表中进行设置。但对于底稿的分工，则需要通过“系统/待办事项”菜单中的“底稿分工复核”窗口进行（见图 2-10），这同时也是赋予项目组成员对底稿相应的编制、复核的操作权限。

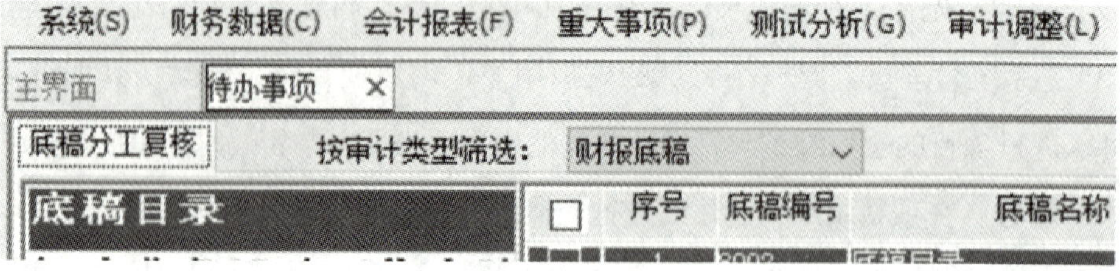

图 2-10　待办事项中的“底稿分工复核”窗口

三、更换用户

更换用户是指在当前项目下，重新输入其他用户的账号和密码，以前用户的基本信息就会被覆盖。该功能适用于多人共用一台计算机的情况。

第五节　系统基本设置

一、基础信息维护

在实际操作中，我们应根据审计需要来编辑设置基础信息，比如执行情况、审计结论、审计标识、通假字等内容，以方便用户根据实际情况选择自己所需的审计功能。

执行情况、审计结论、审计标识，在实质性程序底稿中用鼠标右键功能可以显示，以减少重复录入操作。通假字是在审计会计报表核对科目项目的过程中，允许科目名称与报表项目名称有差异也能对应上。例如，将“账”和“帐”设为通假字，则科目名称为“应收账款”或为“应收帐款”的都会自动对应到“应收账款”报表项目中。

二、系统配置

在安装审计软件并创建项目后，系统管理员应进行“系统配置”，为审计软件的运行进行个性化定制。如表 2-2 所示，“系统配置”主要包括“基础配置”“会计报表和实质性底稿”“备份选项”“打印设置”“附注格式设置”选项，点开相应的选项卡即可进行相应的设置，一般情况下可以保持系统默认设置不变，也可以在审计项目进行过程中根据需要设置。

表 2-2　鼎信诺审计软件“系统配置”参数

序号	项目	参数
1	基础配置	1. 设置内存：设置数据库启动时开辟的内存空间将影响系统运行速度，应尽可能设置大一些。 2. 将审计表中的分录标准设置为一级科目：选择该选框单击进入审定表，但只会显示为一级科目，在调整科目明细时会优先显示科目明细。 3. 调整分录中的索引号：选中审定表，选择调整分录，会在所属底稿中显示出相应的索引号。 4. 设置索引号：将索引号设置为自动流水模式，在底稿中会显示对应的索引号。索引号有三种模式，分别是间隔符、数字长度、从第 n 张表页开始显示
2	会计报表和实质性底稿	设置会计报表中未审数的生成方式 1. 当需要调整账面数和账表差异时，在审核未通过的报表中，未审数就等于账面数+账表差异调整数。这种审计模式相对比较简单，方便操作。 2. 当需要调整账面数时，在审核未通过的报表中，未审数就等于账面数。 3. 当需要调整未审报表中的报表数时，在审核未通过的报表中，未审数就等同于报表数
3	备份选项	1. “不备份”：系统不进行自动备份。 2. “备份”：系统进行自动备份。自动备份有两种方式：一是按天备份，即根据审计人员的最后一次操作记录进行备份；二是“按次备份”，即按照审计人员重复操作的记录进行备份。 3. “备份路径”：存放备份文件的系统盘。系统默认为 C：\ Program Files \ Dinkum \ sj5 \ person
4	打印设置	可以进行页边距、页眉、页脚设置，还可以设置打印事务所机构徽标
5	附注格式设置	设置财务报表附注的格式

课程思政设计

【思政元素】

审计职业素养：创新审计模式，强化系统管理，提高审计质量，推动行业及国家的发展。

【思政内容】

运用计算机系统对审计项目、审计人员及其他审计要素进行管理和设置，是对传统审计中人工管理模式的创新，提高了注册会计师审计中对于不同项目、项目间关系、项目中子项目等各类项目的管理效率，合理设置了各级人员的权限，避免了管理的疏漏，优化了管理流程并提高了审计质量。这是符合国家对于审计质量控制要求的，这样做不仅推动了审计行业的发展，而且适应了经济发展过程中对审计工作需求日益增加的趋势。

【思政目的】

提升学生职业素养，鼓励学生勇于创新，适应改革的理念。让学生明白，积极的创新不仅是为了自己，而是为了整个团队、整个企业乃至整个国家。

【思政案例】

运用审计作业系统，协助疫情下的远程审计工作

新型冠状病毒感染的暴发，对人们的日常生活和工作带来了一定的影响，许多企业选择居家办公的模式。为响应国家疫情防控政策，会计师事务所就采用信息技术进行远程审计工作，以此来降低新冠病毒感染对审计工作的影响。

用友公司的 CPAS 审计信息系统，自 2014 年发布以来，在注册会计师审计工作中得到广泛运用，注册会计师在该系统的帮助下完成了非现场的审计工作，并在线上进行电子数据档案审核、保存和管理。如果说，在新冠病毒感染暴发前，运用审计信息系统提高了审计工作效率的话，那么，在新冠病毒感染暴发后，审计信息系统下的远程审计模式则解决了我国注册会计师审计面临的重大难题，重新为我国民间审计工作注入力量。

审计作业系统的远程功能包括记录日志功能和工时管理、远程电子财务数据的采集、底稿平台的云共享、项目的计划管理和复核、内置即时通信工具供项目组内沟通等。这些功能不仅帮助注册会计师对各类审计项目进行设置和管理，而且实现人员的管理、沟通和考核，为新冠病毒感染暴发下的远程审计创造条件，使审计工作的质量不会受到新冠病毒感染的影响，为各家企业按计划披露经审计的财务信息提供了保障。

审计系统和软件的创新、远程审计模式的大胆运用，提高了审计行业的风险应对能力，保证了审计质量，对我国新冠病毒感染暴发后的经济保持健康可持续发展具有深远的积极影响。

【审计知识 tips】

金审工程

金审工程是国家建设信息化审计项目的标志性事件，是根据《国家信息化领导小组关于我国电子政务建设指导意见》规划的 12 个重点信息业务系统之一。其目标是建成全国审计信息系统，对依法接受审计监督的财政收支的真实性、合法性和效益性进行有效监督。

金审工程的审计模式是跟踪预算和联网审查相结合的模式，能够将单一项目的事前、事中和事后的审计工作结合起来，能够将单一项目的静态和动态审计结合起来，能够将单一项目的现场和远程审计工作结合起来。金审工程的出现进一步提高了审计部门在互联网网络环境中打击犯罪、惩治腐败、维护正常经济秩序的能力，确保审计工作高效、廉洁地进行，有利于国家建设廉洁政府。

金审工程共分为三期，第一期在 2002 年 4 月正式启动，主要工作是规划基础设施建设。第二期在 2008 年 7 月正式启动，主要工作是构建国家审计信息系统的雏形，提高审计机关的监察能力。当前，金审工程的前两期项目已经被国家发改委验收完毕，并广泛应用在审计领域。国家发展改革委已经决定批准全面启动金审工程的第三期，将以大数据中心等应用系统为出发点，建立网络系统和安全系统，最终建立科学完善的审计服务管理系统。

党的二十大报告提出“健全全面从严治党体系”，从审计工作角度，要求推进党建与审计业务工作深度融合，更好发挥党建引领作用。首先，要打造“让党放心、人民满意”的审计机关，进一步提高审计人员的综合能力和专业素养。其次，依托“金审工程”三期项目建设，积极推进大数据审计信息化建设，把研究型审计思维贯穿审计全过程，提高审计工作效率，打造数字化审计系统。

第三章 财务数据的采集

第一节 数据采集介绍

数据采集是审计人员为了完成审计任务，采用一定的工具和方法从被审计单位信息系统中的数据库或其他来源获取相关电子数据的过程。

鼎信诺审计系统运用“审计前端”这一数据采集工具，将被审计单位财务软件生成的数据取出，通过转换生成鼎信诺审计系统专用的数据库文件（＊. sjc），以便导入鼎信诺审计软件中进行审计分析测试，获取审计证据。

一、数据采集的流程

第一步：确定所使用的财务软件。

双击鼎信诺审计前端软件“DATAGET. EXE”，在跳转到的界面中即可选择要采集的财务软件。进入选择财务软件界面，选择要采集的财务软件。

第二步：选择数据库类型。

点击【下一步】，进入选择数据库类型的界面，选择数据库类型。审计前端自动检测本地计算机上是否安装 SQL Server 数据库。如果计算机只装有 SQL Server 类型数据库的财务软件，系统自动检测并选中 SQL Server 运行，同时给出提示“已检测到本机装有 SQL Server”，不必再人工判断数据库类型。

第三步：设置连接参数。

点击【下一步】，进入设置连接参数界面。这个操作界面需要设定的参数较多，主要包括以下五个：

1. 服务器名称

如果在服务器上取数，则要确定服务器名称是系统默认的 127.0.0.1 或 local；如果在客户端取数，在网络畅通的情况下，服务器名称则需要输入服务器上的 SQL Server 服务器名称或者是服务器的 IP 地址。如果不知道服务器名称，则点击【搜索服务器】按钮来搜索局域网范围内的所有 SQL Server 服务器。

2. 连接方式

连接方式分为 ODBC 连接和 SQL 直连两种方式。ODBC 连接又分为信任连接与非信任连接两种。信任连接通常是在不知道用户名和密码的情况下使用，此时不需要输入用户名和密码，连接比较方便，但是取数的速度比较慢，尤其是大数据量取数时，速度会更慢。非信任连接必须输入用户名和密码。当然在知道用户名和密码的前提下，用 SQL 直连的方式速度会更快。

3. 用户名

登录 SQL Server 所需要的审计客户的用户名是在安装 SQL Server 的时候设置的，系统默认为 sa。

4. 密码

登录 SQL Server 所需要的密码是审计客户自己设置的，可以从审计客户的财务软件管理员那里获取。

5. 数据库名称

上面的连接信息都设置好以后，点击【连接】来获取客户服务器上所有的数据库名称，然后选择其中一个进行取数。

第四步：开始取数。

选择了其中一个数据库后，如果当前财务软件存在账套，那么系统列出所有的账套名称后，从中选择一个账套。如果存在账簿，系统根据当前选择的账套列出下面所有的账簿，选择一个账簿后，系统就会列出下面所有的会计年度，从中选择一个年度并点击【完成】后开始取数。如果当前财务软件不分账套和账簿的信息，那么系统直接列出所有的会计年，直接选中一个年度并点击【完成】后开始取数。

注意：

如果选择的财务软件类型和选择的数据库名称不一致，系统就不列示具体的会计年度。

第五步：保存文件。

完成数据导出操作以后，系统会弹出是否保存文件的选项。系统最终会保存一个“＊. sjc”的文件。系统对该文件自动命名的格式为“财务软件类型+数据库类型+数据库名称+账套名称+账簿名称+会计年”。审计人员也可以修改文件名称，然后自行选择一个路径保存。

如果想采集多个年度的数据，一个年度的数据采集保存成一个文件后，保存其他数据，并生成数据文件夹。这样就能采集到不同审计年度的数据信息，并相应地生成多个“sjc”格式的文件夹。

1. 备份当前数据库

这种方法模仿 SQL Server 数据库软件自动备份的方式，把当前选择的数据库备份成一个“＊. bak”的文件。

注意：选择一个保存目录后，系统会提示当前盘符剩余的空间，如果空间太小，则需更换一个盘符保存，以防文件保存不成功。

2. 大型数据库取数

这种方法通常针对大数据量的采集，速度更快。通过这种方法导出的数据不是一个文件，而是一个文件夹，里面包含了很多的 txt 文本文件。取数完毕后只需将这个文件夹压缩，拷贝到 U 盘上即可。

通过【高级功能】提供的两种方法取出的数据，在输入鼎信诺审计系统并经处理后，可直接导入审计项目。此时，需要安装 SQL Server 数据库软件。

Oracle、Access 等其他类型数据库的数据采集流程与 SQL Server 的数据采集流程基本相似。

第二节　导入数据与数据初始化

导入数据主要是对取自被审计单位的财务数据进行维护和管理，属于审前状态。

一、前端数据导入

“前端数据导入”是在鼎信诺审计前端中导入被审计单位的财务数据信息（后缀为“＊. sjc”或“＊. sjd”的文件），或者直接导入被审计单位从 SQL Server 数据库备份出来的“＊. bak”或者“＊. mdf”文件，或者是手工取数所形成的“＊. xls”文件。

如图 3-1 所示，打开“前端数据导入”界面有两种方式：一是在菜单栏选择“财务数据”菜单下的“前端数据导入”命令，二是在功能区的“准备阶段”选择“前端数据导入”命令。

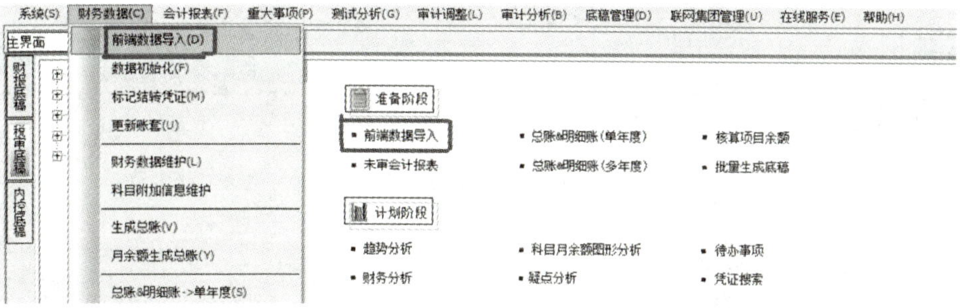

图 3-1　打开“前端数据导入”界面的两种方式

导入数据后，系统就自动生成总账、明细账。

注意：

在从鼎信诺审计前端中导入数据文件的过程中，首先要注意在第一次导入项目时应通过嵌入“前端数据导入”功能的“数据转换”窗口先完成数据转换，然后再将其导入项目中。

二、更新账套

更新账套是指在当前的项目中已有预审数据，再导入终审数据。更新时是用终审数据覆盖预审数据，但是预审时已做过的工作底稿依然保留。更新账套只能使用 *.sjc 格式的数据文件。

注意：

“前端数据导入”与“更新账套”之间是有区别的，二者的功能不同，不能相互代替，否则就会丢失预审工作涉及的底稿。

三、数据初始化

导入数据后，当系统需要对审计操作前进行处理时，就要初始化处理系统中的数据信息。

如图 3-2 所示，选择“财务数据”菜单下的“数据初始化”命令，进入“数据初始化”窗口。依次完成数据初始化的十个步骤（注：这十个步骤中，除了第六步“设置现金流量项目”与第八步“设置科目与核算项目关系”外，其他项目都是必须操作的）。

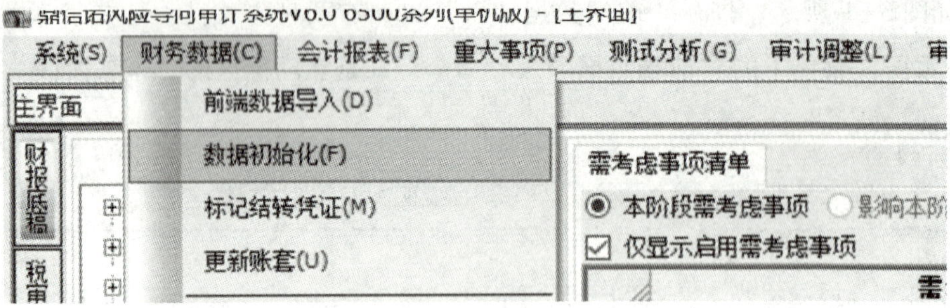

图 3-2　进入“数据初始化”窗口

（一）科目信息处理检查

科目信息处理检查包括生成上级科目和科目完整性检查。生成上级科目功能是系统自动生成科目级次，同时自动向上级汇总。如果科目完整性检查报错，表示科目级次不正确，具体原因需要使用“测试分析/查账/科目信息校对”功能进行检查。

（二）账账核对检查

账账核对检查包括凭证借贷平衡检查、科目与核算项目核对、凭证有非末级科目检查、本年期初与上年期末核对。

详细信息都可通过“测试分析/查账”功能进行检查。

（三）设置科目类型

设置科目类型实际上是对科目类别名称进行标准化处理，通过科目类别处的下拉列表，选择标准的科目类别名称。一般可默认系统自动选择的科目设置，直接点击【设置】即可。

（四）设置损益类估转科目

这一步的目的是方便以后编制的涉及损益的调整分录的自动结转。

（五）设置本年利润科目

第一步与第三步操作完毕后，第四步和第五步会检查科目信息，并自动设置写入损益类结转科目和本年利润科目；同时，系统会自动显示“本年利润”的相关凭证。

思考一：当被审计单位做了非红字冲账调整时，审计系统采集到的关于损益类科目发生额的数据出现错误时，该怎么办?

例如，“主营业务收入”科目贷方发生额 300 万元，有一笔销售退回 100 万元没有做贷方红字登记，而是用蓝字记入了借方，结转入本年利润金额为 200 万元，审计系统采集到的“主营业务收入”科目贷方发生额是 300 万元，而实际上其贷方发生额应为 200 万元。因此，审计系统应自动重新计算损益类科目的正确发生额。针对主营业务科目，系统会自动将全年贷方发生额凭证汇总数减去借方发生额凭证（不包括收入借方结转凭证）汇总数来确定“主营业务收入”科目的贷方正确的发生额。为此，就需要标记所有的借方结转凭证。针对主营业务成本科目，系统会自动将全年借方发生额凭证汇总数减去贷方发生额凭证汇总数，从而计算出“主营业务成本”科目的借方正确的发生额。为此，就需要标记所有的贷方结转凭证。鼎信诺审计系统可以自动完成这项标记工作。

思考二：部分企业为了方便结算账目，会将损益类科目发生额凭证和损益类科目结转凭证做成一张凭证进行核算。在这种情况下，系统自动标记了整张凭证，导致损益类科目发生额计算不准确怎么办？

此时，通常表现为利润表生成不正确，需要手动标记结转凭证，也可以使用“财务数据”菜单下的“凭证拆分”功能将这个凭证拆成两个正常凭证。

【例 3-1】审计人员发现系统生成的利润表“营业收入”数据与被审计单位编制的利润表“营业收入”数据不一致，于是首先想到运用“标记结转凭证”功能，核查损益类科目中发生额凭证与结转凭证是否共用一张凭证。如有，进行“标记结转凭证”操作，步骤如下：

（1）点击“财务数据/标记转凭证”，弹出标记转凭证窗口（见图 3-3）。

图 3-3　标记转凭证窗口

（2）点击操作界面左上角的标记结转凭证框，科目名称中选择损益类科目的主营业务收入，再在业务说明一栏中输入“结转”二字，点击确认搜索。

（3）系统自动筛选出损益类科目的主营业务收入结转凭证。交由审计人员进行核查，经核查发现某一凭证存在即证明损益类科目发生额和结转额的情况。此时，审计人员需要将结转额进行单独标记，标记完成后点击操作界面的保存选项，点击确认即可完成保存。

(4) 重新生成总账、明细账。

（六）设置现金流量项目

做此项设置是为了使“现金流量表工作底稿”产生数据（操作详见第四章第一节“会计报表”）。

（七）设置账龄区间

此项是为了配合在应收款项底稿中的“生成账龄”功能，最好在项目创建初期即设置。在时间模式弹出的下拉菜单中，审计人员可选择划分模式，进而快捷设置账龄区间。

（八）设置科目与辅助核算项目关系

设置科目与辅助核算项目关系，实现系统自动统计科目数据到底稿中，并在实质性程序底稿明细表中显示辅助核算项目。如果不设置二者关系，则明细表就只显示科目，而不显示辅助核算项目。

通常对于往来科目需要设置与辅助核算项目的关系，以显示辅助核算项目；对于其他科目比如货币资金按照现金流量辅助核算，无须在明细表中显示现金流量的辅助核算，则不设置其科目与辅助核算项目的关系。

如果辅助核算项目分多个层次，如先按部门，再按员工，则设置时只对应一个层次，通常按照员工进行对应，如果两个层次都对应，会导致重复统计数据到明细表中。

（九）计算数据

计算数据这一步是对导入的财务数据进行优化处理，自动生成科目余额表、科目月余额表、核算项目月余额表。

（十）打开未审会计报表

未审会计报表包括资产负债表、利润表、现金流量表和所有者权益变动表。

1. 设置科目和报表项目的对应关系

数据初始化时打开未审会计报表这一功能主要是“设置科目和报表项目的对应关系”，以生成未审报表数据，并被审计工作底稿、试算平衡表和已审报表引用。

(1) 方式。

① 自动对应。在打开的“未审会计报表”加载项中点击【报表项目对应科目】按钮，或者在“会计报表”菜单中点击【报表项目对应科目】按钮，弹出“报表项

目对应科目”窗口，并开始自动建立科目与报表项目的对应关系。

② 手工对应。如果有未对应的科目，可以通过手工拖拽方式来设置科目与报表项目的对应关系，即选择科目并拖拽到报表项目上释放，完成二者的对应，相当于是按照企业会计准则的规定填列报表项目，比如，在“货币资金”报表项目中添加“库存现金”“银行存款”和“其他货币资金”三个科目。

提示：

审计人员在操作“科目列表”时可按住 Ctrl 键配合鼠标选中多个科目，就能一次性将选择的科目全部拖到会计报表项目中。

（2）内容。

① 一级科目对应。如果一级科目未对应，报表就不能生成数据。

② 明细对应。将科目与报表明细项目作对应，如选择“库存现金”“银行存款”和“其他货币资金”三个科目分别对应到“货币资金——库存现金”“货币资金——银行存款”和“货币资金其他货币资金”这三个报表明细项目；再如，在利润分配表中将明细科目“利润分配——提取法定盈余公积金”与“利润分配——提取法定盈余公积金”项目作对应。

2. 删除科目和报表项目的对应关系

如果科目与报表项目对应有错误，可以在“会计科目”的错误行上面点击鼠标右键，弹出“删除科目和报表项目的对应关系”的浮动菜单，将对应错误的对应关系删除，然后重新对应。浮动菜单既能展示当前科目信息，也能显示报表项目对应的关系。

注意：

（1）在“报表项目对应科目”窗口，科目背景是绿色的表示已经建立与报表项目的对应关系，科目背景为白色的表示还没有建立对应关系。

（2）当鼠标点击“会计报表”中的某一个报表项目时，“科目列表”中与该报表项目有对应关系的科目变成蓝色的斜体字。

（3）单击报表项目对应科目一栏的右上方，选择全部已对应和未对应来整理和过滤浏览栏中的科目状态。

（4）可以通过选择不同页签来切换资产负债表和利润表。

3. 试算平衡

完成报表内科目对应操作以后，系统会自动生成被审计单位的审计报表。随后，系统会自动校对被审计单位的资产负债表。假如资产负债不平衡，就会使用红色字体显示，并提示具体差额。

提示：

审计人员一定要记得保存未审会计报表，否则就无法生产审计工作底稿审定表和明细表。

第三节　财务数据的维护

一、查账（检查数据）

完成“数据初始化”之后，为了保证被审计单位的财务数据的准确性，要利用“测试分析”菜单下的“查账”系列功能进行审前数据校对，即对财务数据的一致性、连贯性和完整性进行校对检查，尤其是在被审计单位的未审会计报表经试算平衡后出现红字差额报警的情况下，可使用这一功能检查问题所在。

查账可以按月进行，也可以按年进行，具体包括以下七个方面的检查：

（一）科目余额上下级校对（科目月余额表上下级校对）

科目余额上下级校对就是校对同一科目各级之间的期初余额、期末余额、借方金额、贷方金额，高一级相应金额应等于其下一级相对应的金额总和。

（二）科目余额表平衡校对（科目月余额表平衡校对）

科目余额表平衡校对是指校对科目（月）余额表中期初、期末、借方发生额、贷方发生额是否平衡，不平衡的用红色显示。

（三）凭证借贷平衡校对

凭证借贷平衡校对是指校对凭证借方与贷方的发生额，借方发生额与贷方发生额不等的用红色显示。

（四）凭证校对科目余额表（凭证校对科目月余额表）

凭证校对科目余额表是指近年或按月校对科目余额表中借贷方发生额是否与凭证中借贷方发生额相同，不同的会以红色进行标注，则代表明细账中的数据无法生成凭证。

（五）本年期初数与上年期末数校对

本年期初数与上年期末数校对是指检查上年年末数与今年年初数是否相等。

（六）核算项目校对

核算项目校对是指检验有核算项目的科目数据与核算项目的明细数据是否相等。

（七）科目信息校对

科目信息校对是指检查科目信息是否存在错误和漏洞，如缺少中间次级和上级科目、科目级次和末级标注出现错误等情况。

二、财务数据维护

针对在“查账”中发现的被审计单位财务数据的错误，审计人员需要进行逻辑分析，确定错误原因，然后通过“财务数据/财务数据维护”进行纠正。

“财务数据维护”窗口有系统、编辑、窗口、帮助四个菜单，此处我们主要对系统和编辑进行介绍。

（一）系统

“系统”主菜单包括“选择表”“数据表列显示设置”“由期初余额和凭证生成科目余额表”“生成上期发生额”“导入数据后的财务数据处理”“生成科目级次和确定是否为明细科目”“由明细科目数生成上级科目”“由末级科目期初余额生成各级科目期初数”和“关闭”子菜单。

1. 选择表

在“选择表”窗口选择需要维护的表，如选择“科目余额表”，点击【确定】按钮，打开“科目余额表”。

2. 数据表列显示设置

该选项的主要作用是显示已打开数据表中的数据格式（数字型或字符型），以及是否进行显示列的设置。

在这个窗口，审计人员可以做如下操作：对数据维护表中列的名字进行修改；在“是否显示”的框内打上“√”或去掉“√”，点击【保存】按钮，即可实现在数据表中显示或隐藏某列；如果要调整列的位置，只需用鼠标直接将其拖动至相应的位置，然后松开鼠标即可；如果要恢复到默认位置，则点击【恢复】按钮，再点击【保存】按钮即可。如果要对列的显示属性进行修改，就要重新打开列表，重新设置列的属性。

3. 由期初余额和凭证生成科目余额表

这一选项的主要作用是显示和推导出期末科目的余额数。

4. 生成上期发生额

这一功能是根据上年项目生成本期上年数据。

思考：什么情况下使用“生成上期发生额”这一功能呢?

如果审计人员要在现有项目内建立新的年度项目，系统就会显示上年年度，如当审计人员确定选择上年年度，那么就会自动获取上年的项目数据，但这要求审计人员必须根据年度顺序输入项目数据。举例来说，建立项目后，首先输入20×1年的项目数据，然后输入20×2年的项目数据。若审计人员建立项目时，并没有确定上年年度，那么系统也无法自动获取上年的项目数据，或者先导入20×2年的数据，再导入20×1年的数据。此时，就需要审计人员用“系统/生成上期发生额”命令来生成上期数。

5. 导入数据后的财务数据处理

数据导入后在“数据初始化”过程中，系统就会自动整理和优化财务数据，但是倘若由于一些特殊情况没有进行数据处理，或者人工改动了数据，则需要用此功能补做数据的优化处理。

6. 生成科目级次和确定是否为明细科目

利用这一功能，对财务数据的科目级次和长度以及是否为明细科目等信息，审计人员可以根据实际情况运用职业判断进行修改。

7. 由明细科目生成上级科目

如果账套中没有明细科目的上级科目，一般是通过点击“由明细科目数生成上级科目”选项显示上级科目金额，并生成上级科目。

点击【由明细科目数生成上级科目】，点击系统操作界面显示的“汇总上级科目”窗口。这里主要显示了两种操作方式，即按科目编号长度判断和按分隔符判断。

8. 由末级科目期初余额生成各级科目期初数

如果上级科目的期初余额存在问题，那么就需要对末级科目进行汇总，从而得到上级科目的期初余额，但在审计实务中此种情况较少发生。

注意：

在汇总数据的时候，一定要清理非末级科目的期初数，否则就会导致科目末级标志出现错误，从而出现丢失数据的情况。所以，这就要求用户必须备份科目数据，然后再进行此项操作。

（二）编辑

“编辑”菜单包括“查找”“替换”“排序”“过滤”“追加数据”“插入数据”

“删除整行”“填充/向上填充”“填充/向下填充”“填充/序列”“打印”“生成科目信息”“导出 Excel”“撤销”“保存”“刷新”等子菜单。

1. 查找

这一命令用于在数据表中找出与条件相匹配的数据。

点击主菜单“编辑”下的“查找”按钮，设置查找范围，确定查找数据列表，然后输入查找关键字，单击【查找下一个】按钮开始查找。【选符合条件的行】可把包含查找内容的行标记出来。

2. 替换

这一命令用于在数据表中将符合条件的数据替换成新的数据。

点击主菜单中的替换选项，点击确认替换，即可设置查找范围，确定将哪些数据从列表中替换出来。点击【查找下一个选项】，在列表中找出需要替换的数据，点击替换选项完成数据替换即可。如果想一次性替换全部的数据，单击【全部替换】按钮即可。

3. 排序

排序是将数据表中的数据按照一定的顺序进行排列。

点击数据主菜单中的排序选项，点击确认排序，在排序窗口中输入三个关键字，确定关键字的重要程度，点击确定排序后就会重新对数据进行排列。在排序过程中可以点击取消排序选项暂停和取消排序。

4. 过滤

过滤选项的主要作用是从数据列表中按照既定的条件对数据进行筛选和过滤。

点击编辑主菜单中的过滤选项，点击确认过滤。在过滤窗口中输入过滤的条件，比如数据名称、操作符、数据值和逻辑关联等过滤条件。在过滤数据的过程中，需要添加新的过滤条件时，点击添加选择设置新的过滤条件后再点击保存，即可继续进行过滤。如果需要删除某一设置好的过滤标准，只需点击删除选项，对其进行确认删除即可。如果需要将设置好的过滤条件全部删除，只需点击清除选项确认即可。在过滤过程中如果需要退出和终止过滤，只需点击取消选项即可。

【例 3-2】把凭证编号为 100303 或者凭证编号为 100506 的数据行过滤出来。

第一步，过滤设置。

第二步，输入过滤条件后，点击【确定】按钮，即可将满足条件的行显示出来。

注意：

如果过滤条件设置不合理，例如选择过滤的数字类型与数据值的字符不相符时，系统就会自动显示设置的过滤条件是无效的。

5. 追加数据

该选项的主要功能是在数据表最后一行添加新的数据栏。通过使用追加功能，可以增加数据行的数量。例如：选择主菜单“编辑”下的“追加数据”。比如需要审计的数据列表有 31 行，需要追加数据时，就可在数据列表的最后添加第 32 行。

这一命令的快捷键操作如下：把光标放在数据表最后一行，按住 Shift+，也可以在数据维护表的最后一行后面追加一个空行。

6. 插入数据

该选项的主要功能是在数据维护列表中插入新的数据行。

点击插入数据选项，在数据列表中添加新的单元格。比如，要在第五行后面添加一个单元格，在第六行点击确认插入数据选项，就会生成一个新的单元格。生成以后在主菜单中点击保存即可。

7. 删除整行

该选项的主要功能是在数据列表中删除所选的行。

确定好需要删除的行后，在删除行处点击删除整行选项即可。如果需要同时删除更多的行，只需按住 shift 键然后拖动鼠标选择删除的第一行和最后一行，再点击删除整行选项，就能将鼠标选择的所有行全部删除。如果要删除的单元格之间存在间隔，则需按住 Ctrl 键然后点击鼠标选择需要删除的单元格，再点击删除整行选项，点击确认删除即可完成以上操作。

8. 填充

（1）向下填充。

该选项的主要功能就是在数据列表中在选中单元格的下方添加一个新的单元格。

首先将鼠标放置在选中的单元格上，单击鼠标左键向下拖拽光标，直到需要填充的单元格位置，然后点击编辑主菜单中的填充选项，找到向下填充的操作指令进行填充即可。向下填充的快捷操作为 Ctrl+↓。

（2）向上填充。

该选项的主要功能就是在数据列表中在选中单元格的上方添加一个新的单元格。

首先将鼠标放置在选中的单元格上，单击鼠标左键将光标向上拖动到需要填充的单元格位置，然后点击编辑主菜单中的填充选项，找到向上填充的操作指令进行填充即可。向上填充的快捷操作为 Ctrl+↑。

（3）填充序列。

该选项的主要功能是在数据列表中补充新的序列和单元格。

首先将鼠标光标移动到某一单元格上，点击鼠标左键将光标向下拖动到最后一个需要填充的单元格。然后点击编辑主菜单中的填充序列选项，找到序列指令，在等差序列窗口中输入各行之间填充的步长，点击确认填充选项即可。如果在填充过程中需要终止和放弃填充，只需点击确认取消选项即可。

快捷键操作：步长为 1 时，可使用快捷键 Ctrl+Shift+↑。

9. 生成科目信息

此功能主要用于手工账取数后对科目编码的设定。选择“生成科目信息”菜单，系统弹出“生成科目信息”窗口。审计人员可以设定科目编码的各级次长度生成科目信息。

10. 导出 Excel

审计人员可以把数据表导出为 Excel 文件。

三、生成总账

在审计系统中，科目余额表是最重要的数据表之一。生成总账本质上就是生成科目余额表。此外，从科目余额表中还能获得未审会计报表和程序数据的底稿。

（一）生成总账的应用情形

如果出现审计和导入数据的期间不符，或者企业没有自动结算数据账目，或者是结账期间出错，或者对被审计单位的原始数据进行了修改时，就要使用“生成总账”功能，以便系统自动重新计算科目余额表和财务报表。

（二）生成总账的方式

1. 由凭证生成总账

该方式是从凭证库中提取总账的数据，并生成总账报表。

（1）如果总账报表中有上年度的科目库数据，那么就应将上年的期末数转化为本年地区期初数，将借方发生额凭证总和设定为借方发生额总账，将贷方发生额凭证总和设定为贷方发生额总账。

（2）如果总账报表中存在上级科目时，那么上级科目数据就是本级科目数据的总和。

（3）在核算项目转成科目一栏中，点击同时处理核算项目，就能将核算项目转化成生成科目所需的数据。

2. 由辅助核算项目明细生成辅助核算项目总账

该选项的主要功能是从明细库中提取数据，以此来生成核算项目的辅助总账。一旦核算项目转化为新的科目，那么核算项目也会随之被更新。

3. 由月余额生成总账

利用科目月余额表生成总账。

注意：

此操作将会删除选择月份之前的数据，属于不可逆操作，因此执行此操作之前要先备份项目。通常只审计选择月份之后的账时才使用这一功能。

四、损益科目结转

（一）适用情形

未审会计报表提示不平衡，在科目对应正确的情况下，就可能是损益科目期末没有结转造成的。可以利用“财务数据/损益科目结转”功能在期末账表调整生成一笔结转分录来解决（注意总账、明细账的余额是不会变的）。

（二）操作步骤

点击“财务数据/损益科目结转”（见图 3-4），弹出损益结转科目表页，系统会自动过滤出企业未结转的凭证，点击“确定”按钮，系统可以结转所有未被结转的凭证。

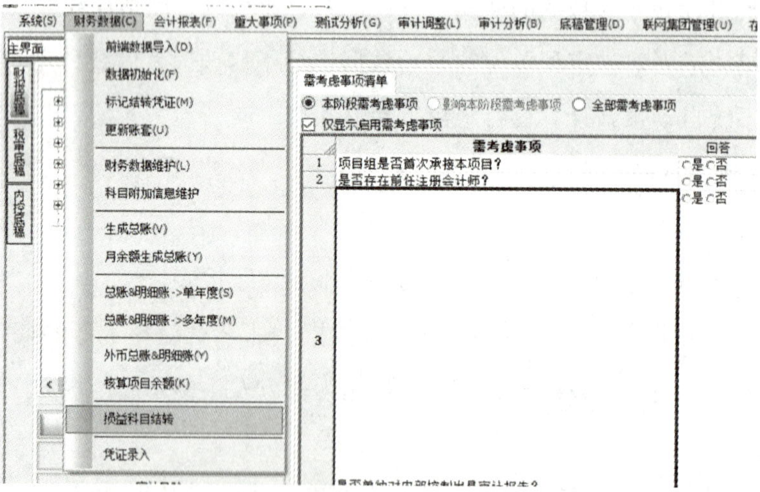

图 3-4　损益科目结转操作界面

五、凭证拆分与凭证录入

（一）凭证拆分

1. 应用情形

如果企业将涉及同一会计科目的两笔不同分录做成一张凭证，例如下面的两笔业务分录：

借：应收账款　　10 000

　贷：主营业务收入　　10 000

借：主营业务收入　　20 000

　贷：本年利润　　20 000

企业将这两笔不同业务分录做到了一张凭证上（甚至把凭证金额合并），即

借：应收账款　　10 000

　　主营业务收入　　10 000

　贷：本年利润　　20 000

此时，审计人员可以利用凭证拆分功能，将此凭证拆分为两张不同的凭证，以使损益类科目发生额计算正确，且正确反映出两笔不同业务的实际情况。

2. 操作步骤

（1）点击“财务数据/凭证拆分”按钮，弹出凭证拆分表页，系统智能搜索出包含“未分配利润”或“本年利润”科目并且凭证条数大于3条的凭证。

企业记账时将产品销售收入的结转和其他业务收入的结转做成了一笔凭证。审计人员可以将产品销售收入结转凭证和其他业务收入结转凭证进行拆分。

（2）勾选上“产品销售收入”和“本年利润\产品销售收入”两条凭证行，然后在该表页下方录入新凭证编号，右下角凭证摘要系统会自动写入该笔凭证是由“某某”凭证拆分而来。

（3）点击“拆分”按钮，系统会将该笔原始凭证拆分为两张凭证，即

借：产品销售收入　　16 171 116. 53

　贷：本年利润　　16 171 116. 53

借：其他业务收入　　949 651. 76

　贷：本年利润　　949 651. 76

注意：

如果企业将损益类科目发生额和结转做成一张凭证，除了可以使用凭证拆分功能

来还原业务本来面目外，还可以使用手动标记结转功能来正确生成利润表数据。

（二）凭证录入

1. 应用情形

（1）审计人员审计过程中发现错报，企业在未结账的情况下同意并且已经调整其会计账套的，审计人员不必重新去企业财务系统中提取财务数据，可以录入企业修改的凭证。

（2）在审计人员提取企业财务数据后，企业在未结账的情况下又对账套进行会计处理，审计人员为避免重新取数覆盖已做底稿，可使用凭证录入功能，添加凭证。

2. 操作步骤

（1）点击“财务数据/凭证录入”按钮（见图 3-5），进入凭证录入表页。

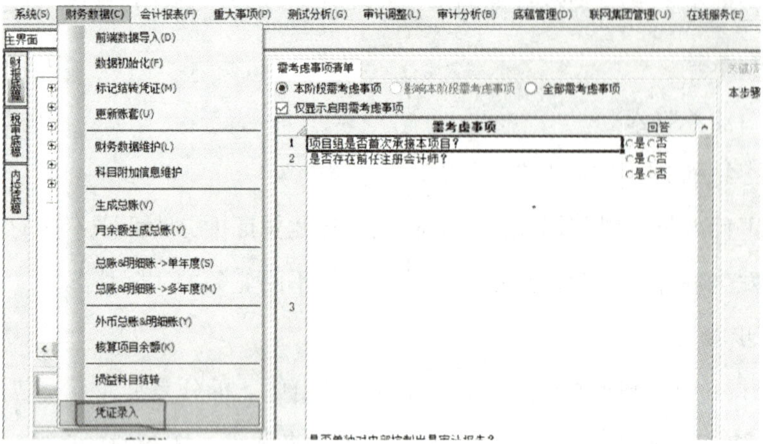

图 3-5　凭证录入操作界面

（2）选择“凭证种类”，编写“凭证编号”，填写“日期”，录入“附件数”。

（3）录入“摘要”“科目”以及借贷方金额，单击“保存”按钮。

注意：

录入凭证后，要使用“生成总账/由凭证生成总账”功能。

【例 3-3】需要添加一笔商品销售收入 20 000 元，该款项尚未收到销售交易的凭证。

操作步骤如下：

（1）选择“凭证种类”，编写“凭证编号”，填写“日期”，录入“附件数”，录入凭证摘要。

（2）双击科目下空白单元格，选择凭证科目“应收账款”，金额录入 20 000 元，即完成“借记应收账款 20 000”的录入。

(3) 点击【添加】按钮，添加一条记录，重复步骤（2），即完成“贷记主营业务收入 20 000”的录入。

六、生成审计前端文件

生成审计前端文件是从审计系统中导出电子账套，电子账套的格式设定为“＊. sjc”的审计前端文件备用。一旦从被审计单位采集的数据丢失，又没有办法从被审计单位重新获取数据，则可以用这一功能恢复前端数据。另外，将手工取数形成 Excel 表财务数据导入系统后，可以用这一功能生成一个“＊. sjc”审计前端文件备用。

【实验一】

（　　）会计师事务所对（　　）公司 2019 年财务报表进行审计。该公司财务报告编制基础为 2006 年企业会计准则，附注种类为上市类。

要求：

1. 以系统管理员的身份运用鼎信诺审计系统创建审计项目。

2. 在当前项目下创建新的子公司（　　）。

3. 删除子公司审计项目。

4. 在当前项目下创建新的审计年度 2020 年。（提示：在“会计制度”对话框中请选择“上一年度”）

5. 在两个年度的项目间切换。

注：请自行对会计师事务所与公司、子公司、审计项目进行命名，并设置会计师事务所的通信地址。为了方便表述，将本项目称为“学生项目”。

【实验二】

【实验一】创建的“学生项目”项目需要 5 人完成。每 5 名学生成立一个审计项目小组，5 人的级别分别为合伙人、项目经理、高级审计师、审计师、助理审计师。

要求：

1. 以“系统管理员”的身份为创建的“学生项目”添加用户，并进行角色分工和权限设置。

2. 以“系统管理员”身份为项目组成员进行底稿分工。

【实验三】

完成【实验二】的“学生项目”。

要求：

1. 登录项目，查看基础信息维护与系统配置有关信息。

2. 在基础信息维护中添加审计结论“除上述调整外，未发现重大错报”。

3. 设计会计师事务所徽标，并在系统配置中进行徽标设置，使其出现在工作底稿页眉处。

（提示【实验三】完成后进行项目备份，保存到自己的 U 盘。）

【实验四】

1. 教师提供同一企业 2018 年、2019 年账套（其中审计年度为 2018 年）。

2. 【实验三】操作完成的“学生项目”。

要求：

1. 用【前端导入数据】命令导入财务数据。

（提示：如果创建项目时的会计期间与导入数据的会计期间不同，需要修改项目的会计期间。）

2. 完成数据初始化。

【实验五】

完成【实验四】的“学生项目”。

要求：

1. 执行“查账”系列功能。

2. 如果执行查账系列功能发现数据有误，进行相关财务数据维护。

3. 在凭证表中过滤出 1 月份凭证编号为 001 的凭证，或者 2 月份凭证编号为 002 的凭证。

（提示：可以设计多种过滤条件进行练习。）

【实验六】

完成【实验五】的“学生项目”。

要求：

利用“生成前端文件”功能将“学生项目”中的电子账套生成审计前端文件，保存到自备的 U 盘里。

课程思政设计

【思政元素】

审计职业道德：职业谨慎与职业怀疑。

时代精神：爱岗敬业，求真务实，公平正义。

【思政内容】

数据维护是审计工作中实质性分析程序的前置步骤，对于发现被审计部门舞弊或错误导致的重大错报有积极效果。正确地运用数据分析要求执业人员在工作过程中保持职业怀疑和职业谨慎，独立思考，不被被审计单位干涉和影响，实事求是，坚持客观公正地探索事物的本质，进而发表恰当的审计意见。恰当的审计报告有利于提高财务信息的可信赖程度，保护利益相关者权益，维护资本市场秩序，实现国家经济的健康发展。

【思政案例】

QD 市运用计算机审计采集社保数据，遏制虚假伪保

社保审计的特点是通过依托大数据技术平台实时采集工商、公安、民政、国土资源等 12 个部门的业务数据，达到跨行业产业共享、交换和分享审计数据的目的，从而提升审计效能和水平，促进应保尽保、遏制虚假伪保。

QD 市审计局在开展的最低生活保障资金审计中，审计人员运用计算机辅助和大数据技术采集工商注册、公安部门车辆、房产部门房产、住房公积金缴存、社会保险缴费、养老金发放、失业金领取、家庭成员银行存款等信息，进行跨行业关联比对，深入核查低保家庭真实财产状况。在医疗保险基金审计中，采集卫生部门管理的新农合基金数据与人社部门管理的城镇职工、城镇居民医疗保险数据进行比对核查，发现上万条重复参加新农合、城镇居民或城镇职工医疗保险的信息。

以上案例说明计算机审计能大大提高数据采集的效率，优化审计的效果，为国家专项资金的使用提供监督和保障。审计及现代审计手段的使用在我国社会主义经济发展进程中发挥着重要作用。

【审计知识 tips】

大数据审计的意义

对于审计工作者来说，要认真学习习近平总书记关于审计工作的重要讲话和重要指示批示精神，要有自己的责任和担当，为国家审计工作做出自己应有的贡献，坚定成为维护国家和人民利益、维护社会经济正常秩序的卫士，尽可能地提高自己的专业素养和职业能力。要将理论学习转化为具体实践：一是落实科技强审要求，推进国家信息化审计工作，以大数据信息技术为核心，研发创新审计方式和审计技术，切实提升大数据环境下的审计监督能力，以审计的现代化助力中国式现代化。二是坚持数据先行，做实做细审前调查，摸清数据底数，充分发挥大数据审计在宏观分析、评判和预警风险中的作用，进一步提升审计工作质量和效率。三是聚焦“国之大者”，围绕

网络强国、数字中国和网络安全，开展常态化网络安全和信息化建设审计，建立现代化的审计服务和管理体系。

实施大数据审计本质上就是对传统的审计方式进行变革和创新。一是不再受到审计环境、人员经验、被审计对象的配合程度等各类主客观因素的影响。审计团队内部形成同一标准，保持结果一致。二是通过周期性的运行脚本，进行数据获取和数据分析，可横向、纵向比对被审计对象的整改情况，达到客观控制风险的目的。三是避免审计人员重复性劳动，把大量精力从数据处理中解放出来。回归审计人员的核心价值：审计敏感性、业务经验、预警风险。四是利用计算机特性持续监控风险点，周期性的数据更新、数据分析、整改跟进“自动化”，形成数据分析集市。

作为新时代的审计人员，我们要发挥专业优势，将新技术、新方法应用到大数据审计工作中，在新时代新征程上展现新担当新作为，为我国审计事业实现高质量发展做出积极贡献。

第四章　会计报表与总账和明细账

第一节　会计报表

一、未审会计报表

“未审会计报表”以 Excel 表的形式存在，包括“数据表”“未审资产负债表”“未审利润表”“未审现金流量表”“未审所有者权益变动表”“权益科目明细账”。

（一）“未审会计报表”的打开方式

未审会计报表窗口可以通过以下三种方式打开：

（1）在“数据初始化”窗口，点击第十项“打开未审会计报表”（见图 4-1 和图 4-2）。

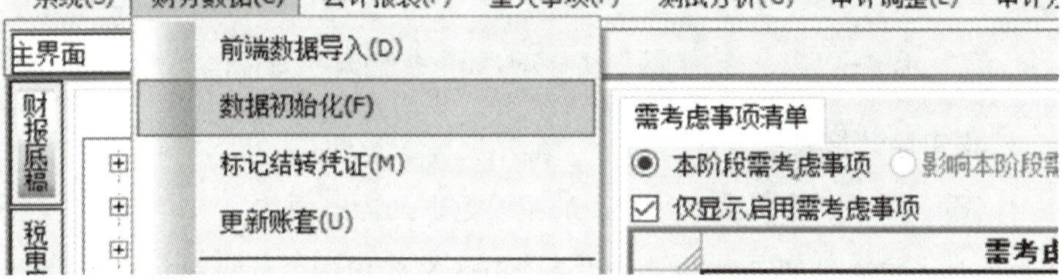

图 4-1　“数据初始化”操作界面

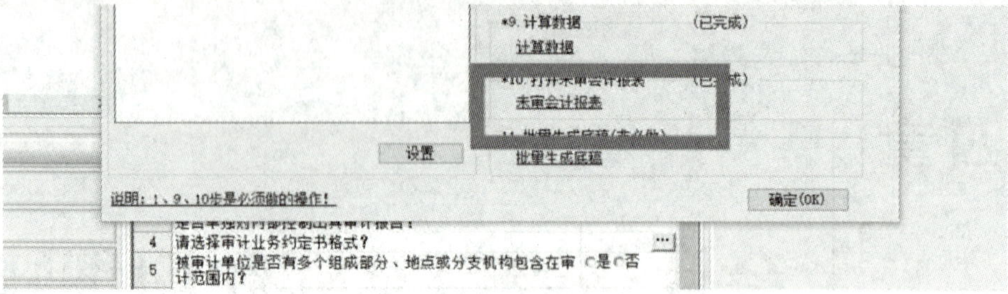

图 4-2 “打开未审会计报表”的操作界面

（2）点击系统主菜单中的“会计报表/未审会计报表”（见图 4-3）。

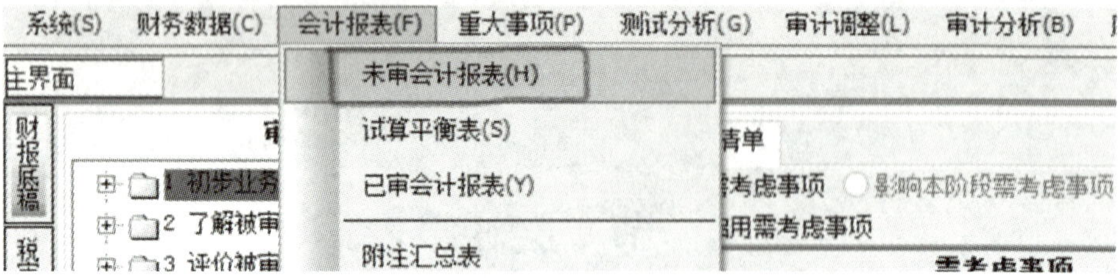

图 4-3 “未审会计报表”的操作界面

（3）点击系统主界面功能区“准备阶段”的“未审会计报表”（见图 4-4）。

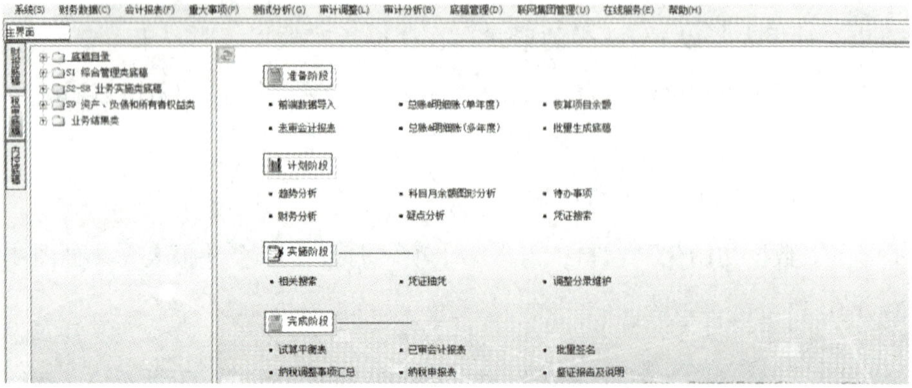

图 4-4 从“准备阶段”中打开“未审会计报表”的操作界面

（二）未审会计报表主要数据列

在鼎信诺审计系统中未审会计报表的主要数据列为账面数、未审数和报表数。其中，账面数是系统通过采集来的被审计单位电子账套中的会计科目余额自动生成的；未审数是由系统根据账面数生成的报表数，在数额上一般等于账面数加减账表差异调整数；报表数是根据被审计单位提供的财务报表录入而得到的。

提示：

（1）未审报表生成数据后，如果未审数（账面数）试算平衡不平，则会在未审资产负债表第四行出现红字报警，需要审计人员通过“测试分析/查账”查找原因，然后根据不同情况通过“财务数据/损益科目结转”进行调整或者通过“财务数据/财务数据维护”修改错误数据。

（2）如果未审数与报表数有差异（通常是被审计单位对往来科目负值余额做过重分类调整），“差异”列将以红色显示，审计人员需要进行账表差异调整（具体操作见第七章第一节“负值重分类调整”）。

（3）对于账面数和账表差异调整两列，系统默认是隐藏的。

（三）未审会计报表的加载功能

未审会计报表 Excel 窗口工具栏中嵌入“鼎信诺审计加载项”，包括“报表对应科目”“调整”“未审到报表”“上期数”“生成数据表数据”“生成当前报表数据”“重算”和“其他报表”等按钮。

1. 报表对应科目

在“未审会计报表”窗口，点击【报表对应科目】，系统会自动显示会计科目与报表项目之间的关系，还能通过手动设置的方式来显示科目与报表项目之间的关系，以便相关数据被工作底稿、试算平衡表、已审会计报表等引用。这一功能的介绍详见第三章第二节“导入数据与数据初始化”。

2. 调整

如图 4-5 所示，点击“审计调整”选项会显示“负值重分类调整”“期初账表差异调整”和“期末账表差异调整”三个选项。具体操作见第七章“审计调整”。

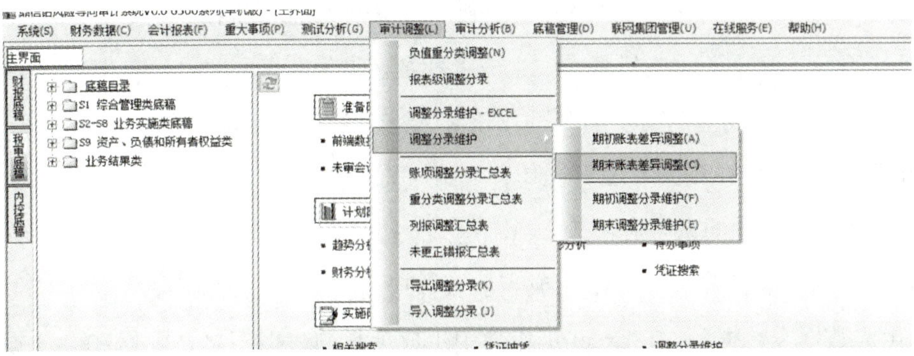

图 4-5 “审计调整”下的操作界面

3. 未审到报表

在“未审会计报表”窗口需要审计人员将系统生成的报表未审数与企业提供的财务报表进行对比。如果目测报表数与未审数是一致的，可点击【未审到报表】按钮，将未审数直接复制到报表数。

4. 上期数

点击“上期数”选项会显示“报表上期数”“科目上期数”和“生成上期发生额”三个选项，这些也是上期数生成的三种方式。

（1）“报表上期数”只适用于在利润表中“上期金额”录入数据（只在“利润表”表页可操作）。假如审计人员需要导入上一年的数据信息，那么审计系统就不能生成利润表上期数。遇到这种情况，需要点击上期数选项，点击报表上期数选项，此时系统会提示要取消写保护，这时就需要手工填写上报表期数，填写完毕之后点击确定保存，就能在上年利润表中显示上期金额。

（2）“科目上期数”可通过单击“上期数”，单击【科目上期数】，系统会弹出“手工录入科目上年数”窗口，审计人员手工填写上年数即可。

（3）“生成上期发生额”可通过单击“上期数”，选择点击【生成上期发生额】，弹出“生成上期发生额”窗口。当需要生成多年账套项目时，点击数据来源的单位年度选项，就会显示出该项目的名称和年份，单击确定选项，就能从审计系统中读取上期数据。

提示：

方式（1）在“利润表”使用“报表上期数”录入数据后，只要数据保存在报表项目中，科目中的余额就不会更改。

方式（2）如果需要输入“科目上期数”，那么首先要在科目余额表中保存数据，然后对其进行二次计算，在利润表中生成上期数。

方式（3）“生成上期发生额”适用于导入连续多年账套的情形。

方式（1）只能在利润表表页操作，方式（2）和方式（3）可以在打开的其他报表表页操作，但针对的只是利润表。

5. “生成数据表数据”与“生成当前表数据”

“生成数据表数据”：在 Excel 工作簿中生成全新的数据信息，确保在会计报表中可以读取各项目的数据信息。

“生成当前表数据”：当“数据表”的数据已更新，而会计报表的数据尚未更新时，可以使用这个功能更新当前打开的会计报表中的数据。

6. 重算

“重算”的主要功能是重新计算科目数据中的未审数。例如，当科目余额出现变动就需要重新计算未审数。

7. 其他报表

“其他报表”下拉菜单显示“未审会计报表”“试算平衡表”“已审会计报表”三个选项。点击相应选项可进入相应表页界面。

二、报表项目对应底稿项目

（一）对应的目的

只有报表项目与底稿项目对应了，底稿才能生成数据。

（二）打开方式

选择“会计报表项目对应底稿项目”选项，打开“报表项目对应底稿项目”窗口，在该窗口设置报表项目与底稿的对应关系。

（三）对应方式

1. 自动对应

鼎信诺审计系统根据企业会计准则自动实现报表项目与底稿项目对应。

2. 手工对应

审计人员也可以根据实际情况，通过拖拽方式设置报表科目与底稿项目的对应关系。

（四）删除对应关系

该选项的主要功能是如果报表项目与底稿项目之间存在错误，可通过点击底稿项目的具体名称删除两者之间的对应关系。

提示：

（1）报表如果没有生成数据，可能是科目与报表项目没对应。

（2）底稿如果没有生成数据，可能是报表项目与底稿项目没对应。

（3）底稿明细表没有生成数据，可能是明细科目与报表明细项目没有对应。

三、报表项目维护

（一）修改报表项目

当系统中报表项目信息与企业的报表项目信息不一致时，应对当前报表的数据信息进行调整。例如，报表项目的编号、名称以及借贷等数据信息。

在“报表项目维护”窗口，由于报表项目中的数据大多是原始数据，所以无法修改报表项目中的相关数据信息。

提示：

在审计实务中，当报表出现不合理的正负数时，要考虑到“报表项目维护”窗口进行报表项目借贷方向的重新设置。

（二）添加、删除报表项目

在审计时，如果缺少某些报表项目，或者认为某些报表项目用不到，就可以添加项目或删除项目。

四、生成所有者权益变动表

（一）操作步骤

（1）打开未审会计报表工作簿中最后一张 Excel 表页“权益类科目明细账”（见图 4-6）。

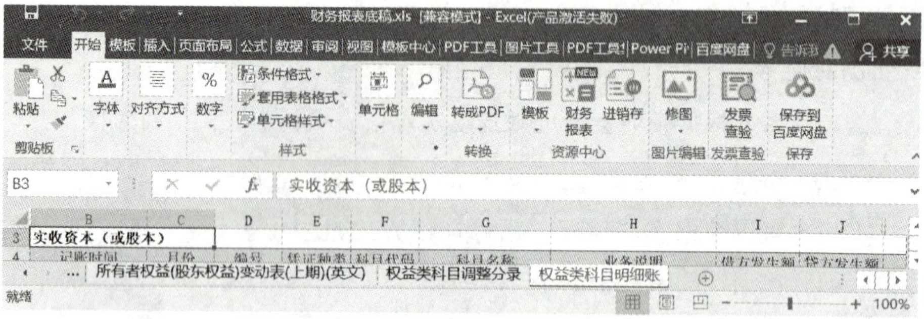

图 4-6 打开“权益类科目明细账”表页

（2）针对本期金额有变动会影响所有者权益变动的项目，在该项目记录行与最后一列 L 列交汇处进行类别归属选择。点击对应的单元格，出现下拉列表，选择类别归属，影响所有者权益变动的数据就会出现在所有者权益变动表的相应位置。例如：

①在“盈余公积”部分有两条记录，选择“提取盈余公积”，这两组数据就出现在“盈余公积”列的“提取盈余公积”行。

②在“未分配利润”部分找到利润分配的项目，有两条“提取盈余公积”的记录，选择“提取盈余公积”；另外有一条“分配现金股利”的记录，选择“向股东分配股利”。

③利润分配的结转项目不会导致所有者权益变动，因此无须处理。

④如果系统导入连续多年账套，上年金额也应自动生成。如果没有上年数据，导

致系统报错“本年初与上年末未分配利润不符”，解决的办法是手工录入上期金额。

（二）系统报错的应对

如果系统报错，提示所有者权益变动表的未分配利润与资产负债表的未分配利润不相符，应查看利润表中利润分配下的各明细项目（提取盈余公积等），如出现负值，而相应明细账为正数，可能是报表项目借贷方向有误，可以通过“报表项目维护”对相关科目余额方向进行修改（将贷方修改为借方），然后生成数据表数据，更新所有者权益变动表即可。

五、生成现金流量表

在 DXN 系统中，现金流量表工作底稿需要通过“底稿向导”中的“其他项目工作底稿”打开。

（一）企业 ERP 系统已做现金流核算

企业应用 ERP 软件进行精细化管理，每一笔资金移动都录入了数据库，并进行了现金及现金等价物流动的精细核算。在这种情况下，生成现金流量表的操作步骤如下：

1. 提取与导入数据

运用审计前端将数据库中的相关数据直接提取出来导入 DXN 系统。

2. 设置现金流量项目

在数据初始化时，第六步点击“选择项目”（见图 4-7），将企业设置的现金流核算与现金流量表工作底稿相衔接。

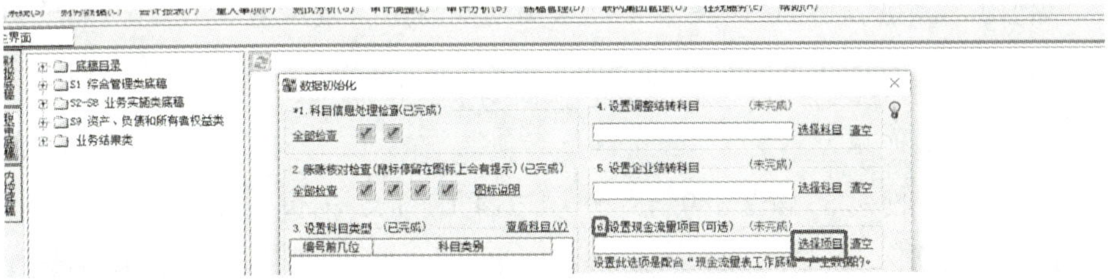

图 4-7 “设置现金流量项目”的操作界面

3. 现金流名称标准化

如果企业所设置的现金流量表项目的名称与标准现金流量表中的项目名称不同，则需要在该表中标准化设置现金流量表的项目名称。

4. 打开现金流审计工作底稿

简明日记账法的底稿表页中详细记录了企业每一笔现金的变动记录和企业对每笔交易的定性。

5. 分析检查

针对大额和异常交易数据进行分析检查，主要检查企业提供的现金流量表中是否存在重大现金变动情况。若分类不合理，则应对其重新划分。

6. 生成未审现金流量表

（略）

（二）企业未做现金流核算

信息化程度较低的企业，其现金流量表可能是由财务人员通过职业判断编制的。在这种情况下，针对企业现金流量表的编制可以采用如下三种方法：

1. 简明日记账法

企业全年的现金变动记录都体现在简明日记账工作表中，因此可据此分析判断企业提供的现金流量表项目是否存在不合理的地方。

根据现金流量表记录的现金使用去向对其进行分类和筛选，可提高日常记账的效率。

2. 分录法

对于全年现金业务量很大的企业来说，如果通过日记账的方式来编制现金流量表，就会增加许多不必要的工作量并提高工作难度。此时，可采用分录法，其操作步骤如下：

（1）利用“测试分析/相关搜索”搜索出涉及现金及现金等价物的相关项目进行分析。

（2）编制现金流量分录。

例：主营业务收入 53 462 589. 43 元，1 714. 00 元为销售商品、提供劳务收到的现金，为现销，其余包括以下款项：852 550. 00 元为单位往来的其他应付款，184 758. 00元为收回垫付财务费的长期应收款，52 793 083. 43 元为收回垫付工程款的长期应收款。因此，在现金流量表分录法工作底稿中可编制如下分录：

借：销售商品、提供劳务收到的现金	1 714. 00
其他应付款（冲抵）	852 550. 00
长期应收款	52 793 083. 43

贷：长期应收款　　　　　　　　　　　　　　　　　　184 758.00

　　营业收入　　　　　　　　　　　　　　　　　　53 462 589.43

（3）在利润表项目的基础上，以营业收入为起点，根据资产负债项目逐个进行分析，编制分录。

（4）编制出项目综合核查表，主要包括资产负债表、利润表和现金流量表。

根据系统记录的财务总账、资产负债表以及利润表显示的数据信息，对其基准数栏进行修正。首先要确保基准数据修正正确，其次要排除其影响数据变动的非经营活动数据。

2. 编现分录法

对现金流量表的附表进行分录和编制，可从总账系统中提取相关数据进行分析，通过分录法将其录入工作底稿中。

3. 分析填列法

根据资产负债表、利润表和有关会计科目明细账的记录，直接分析计算出现金流量表各项目的金额。也可利用编现分录法将分析的结果直接编制现金流量分录，汇总生成现金流量表。

（三）现金流量表补充资料的编制

现金流量表补充资料通常采用账务修正法和编现分录法来编制。

1. 账务修正法

根据系统记录的财务总账、资产负债表以及利润表显示的数据信息，对其基准数栏进行修正。首先要确保基准数据修正正确，其次要排除其影响数据变动的非经营活动数据。

2. 编现分录法

对现金流量表的附表进行分录和编制，可从总账系统中提取相关数据进行分析，通过分录法将其录入工作底稿中。

六、报表重置

（一）适用情形

当报表出现数据缺失或混乱，无法再继续审计程序时，需进行报表重置。

（二）操作步骤

在系统操作主界面，先按住“shift”键，同时点击功能区需要重置的“未审会计报表”“已审会计报表”或“试算平衡表”，即可实现相关报表重置。

七、试算平衡表与已审会计报表

选择“会计报表/试算平衡表”选项（见图 4-8），或者点击功能区“完成阶段”中的“试算平衡表”（见图 4-9），打开试算平衡表窗口。

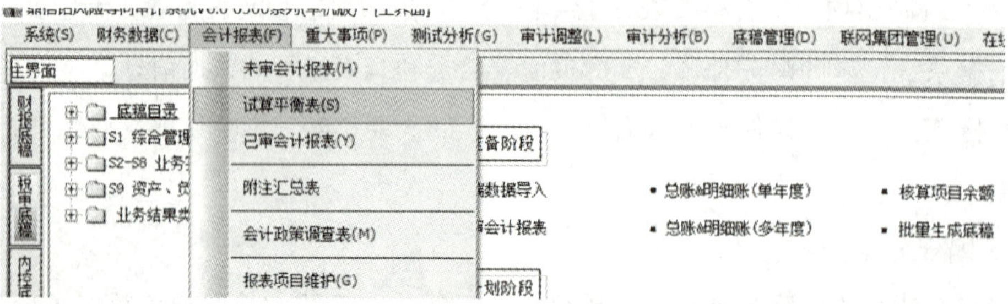

图 4-8　“试算平衡表”的打开方式一

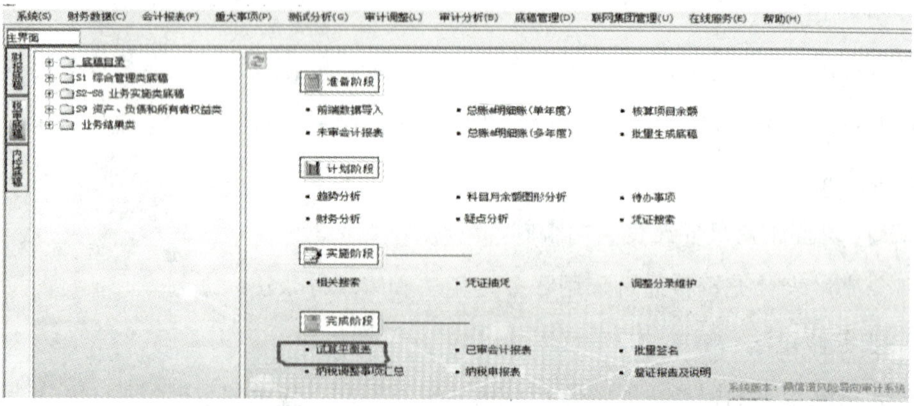

图 4-9　“试算平衡表”的打开方式二

选择“会计报表/已审会计报表”选项（见图 4-10），或者点击系统操作主界面功能区“完成阶段”的【已审会计报表】（见图 4-11），就可以打开已审会计报表。需要注意的是，只有先打开未审会计报表，才能打开已审会计报表。

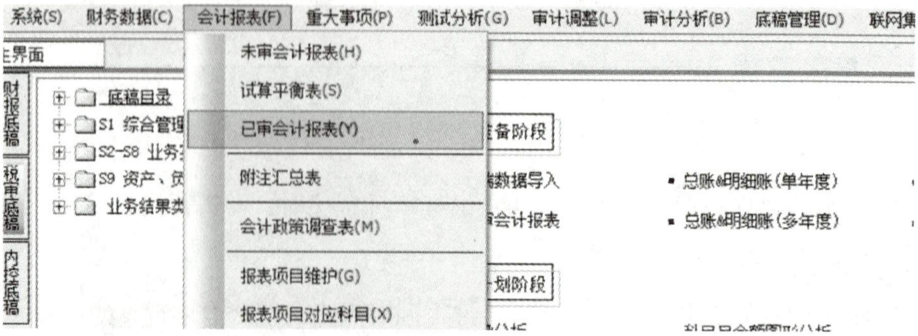

图 4-10　“已审会计报表”的打开方式一

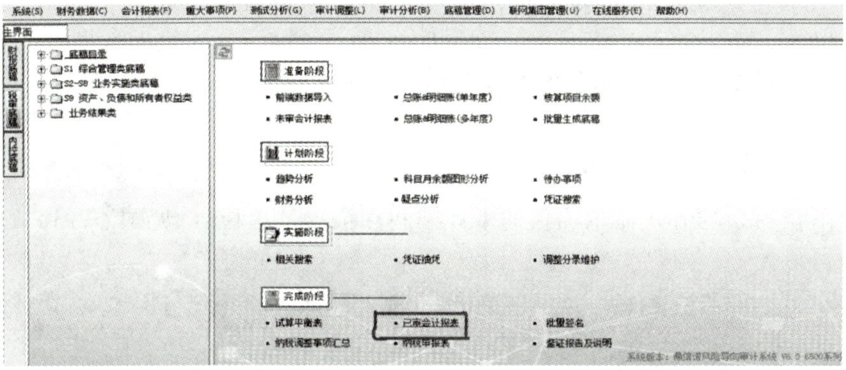

图 4-11 “已审会计报表”的打开方式二

第二节 总账和明细账

DXN 系统在导入财务数据后，无论是何种财务软件形成的总账和明细账都被转换成统一的形式，审计人员可以随时在审计系统中查看总账、明细账以及凭证。

一、总账和明细账的打开方式

（1）选择“财务数据”菜单下的“总账 & 明细账”选项（见图 4-12），即可打开总账和明细账窗口。

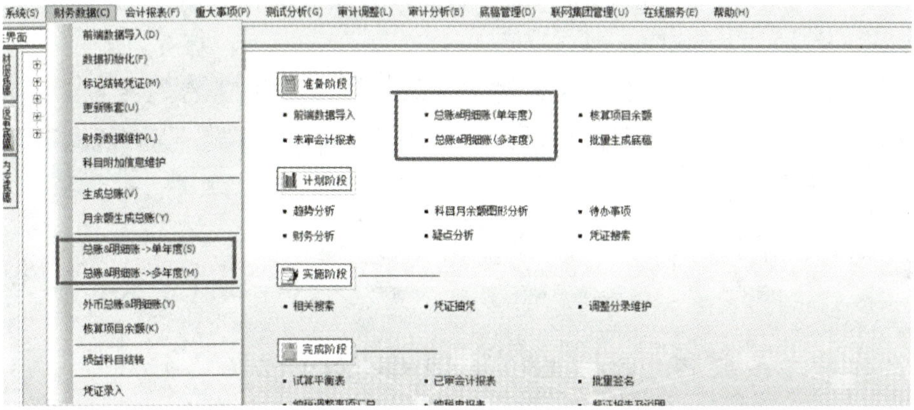

图 4-12 “总账 & 明细账”的打开方式

（2）点击系统主界面功能区“准备阶段”下的【总账 & 明细账】（见图 4-12），打开总账和明细账窗口。

（3）在科目余额表中双击任意科目行，打开相应科目明细账。

二、总账和明细账窗口的主要功能

（一）显示审计期间、被审计单位

通过下拉列表的方式显示项目的审计期间和被审计单位（ 见图 4-13）。

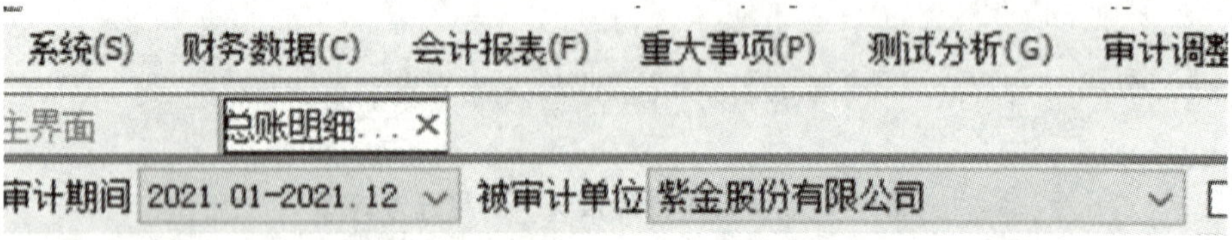

图 4-13　审计期间、被审计单位的显示方式

（二）查看数量、明细账月余额

在明细账中选择“查看数量”（见图 4-14），则显示“期初数量、借方数量、贷方数量和期末数量”；在明细账中选择“查看明细账月余额”（见图 4-15），则显示各月明细账。

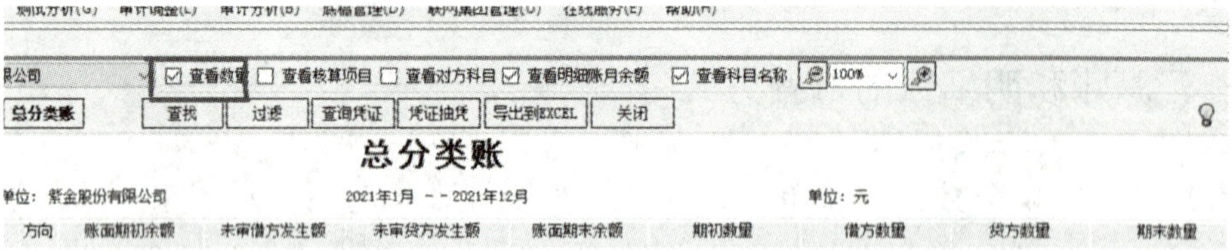

图 4-14　“查看数量”的打开方式

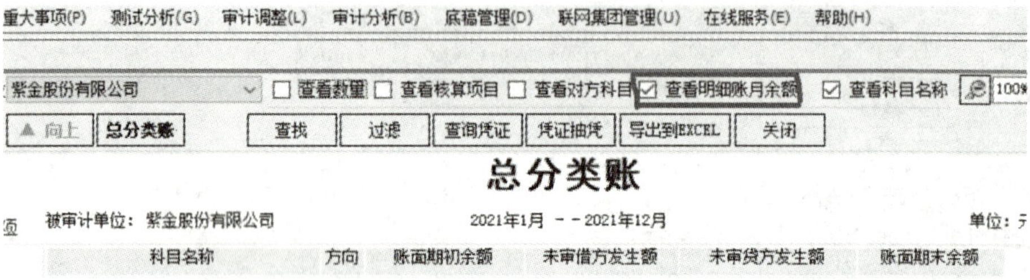

图 4-15　“查看明细账月余额”的打开方式

（三）显示方式

如图 4-16 所示，审计人员可以按“三栏式”和“余额式”两种方式查看总账、明细账。

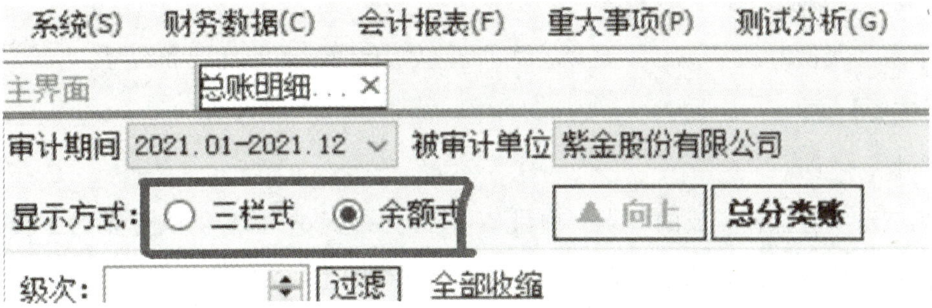

图 4-16　显示方式的设置

（四）账证切换（三级跳）

在总账和明细账窗口，通过点击“向上”“总分类账”按钮（见图 4-17），查看科目行、交易记录行，实现总账、明细账和凭证间的随意切换。

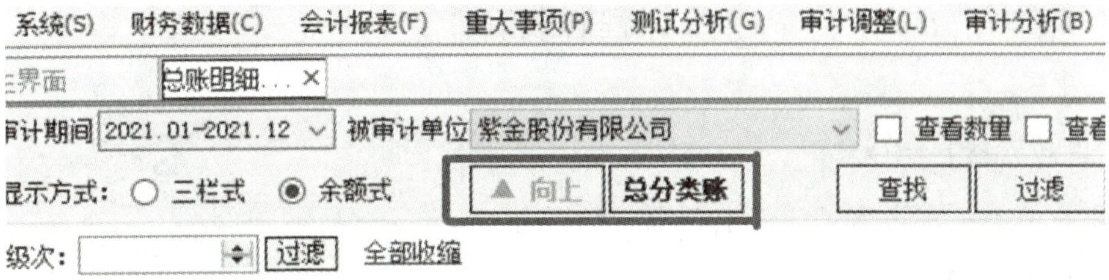

图 4-17　账证切换的操作方式

点击“向上”按钮，可以按照“凭证—明细账—总账”的顺序依次进入上一级界面。

点击“总分类账”可以直接回到“总分类账”最初界面。

（五）导出 Excel

可以将总分类账、明细账导出至 Excel 表中。

（六）查找、过滤、查询凭证

这三个功能相似，下面以查询凭证为例加以介绍：在窗口中输入查询条件，即可显示符合条件的凭证。

（七）凭证抽凭

凭证抽凭的功能介绍详见第五章第三节“审计抽样的应用”。

（八）排序

按照从大到小或从小到大的顺序，对借方和贷方的发生额单元格进行排列；双击记账时间单元格，可以按照记账时间从先到后或从后到先的顺序排序。

（九）按级次、编号查看

单击“级次”或“编号”选项，可查看总账和明细账的凭证和编号。

【实验】

资料：

第三章实验操作完成的“学生项目”。教师另外提供 2018 年该企业利润表数据。创建两年的项目，然后比较下列不同情形下上期数的生成方式：

1. 创建项目时选择上一年度，先导入 2017 年数据，再导入 2018 年数据。
2. 创建项目时不选择上一年度，先导入 2017 年数据，再导入 2018 年数据。
3. 创建项目时不选择上一年度，先导入 2018 年数据，再导入 2017 年数据。

要求：利用会计报表 Excel 加载项“上期数”功能录入利润表上期数。

课程思政设计

【思政元素】

职业道德：实事求是、追根溯源、知行合一。

【思政内容】

在审计工作中，总账与明细账、明细账与原始凭证、原始凭证与经济事项的发生都要实现统一，以此来作为对管理层认定进行确认的基础。在本章中，我们实践操作了会计报表与试算平衡表的对应、总账与明细账的核对等，这便是透过会计账务查看会计内在逻辑。我们只有本着实事求是、追根溯源的态度，才能在审计工作中实现知行合一，理解审计职业道德要求并勤勉尽责，提高审计质量。

【思政案例】

账实真的相符吗？

某审计机构于 2017 年对该市某 N 单位的预算进行全方位的审计，在利用大数据审计技术进行审查的过程中发现，该单位的财务管理制度和执行情况存在一些不足和缺陷，审计机构决定对其进行重点审计，并重点审查该单位的财务收支情况。

经过长期的审计工作，审计人员发现了几笔大额的快递支付费用，N 单位在 2016 年的快递费用高达 74 740 元，而中国邮政 M 支局是承担该单位快递业务的主要单位，审计人员查阅往年的快递费用发现，2014 年和 2015 年 N 单位分别支出快递费用 55 820 元、70 200 元。该单位为何会产生如此多的快递费用？这让审计人员感到很是疑惑，审计组第一时间找相关经办人进行核实。

该单位财务人员张某解释道：N 单位具有农药进出口业务的审批权限，相关企业如果有农药进出口需求，需要向 N 单位申请农药进出口证明文件；审批通过后，N 单位通过邮政局快递的方式将证明文件寄递给企业，同时将快递单号在其官方网站发布以便企业查询；因为发件量比较大，邮局给予一定优惠，以每件 16 元（8 折）的价格收费。

张某所说并无不妥之处，邮寄数量、价格等也与原始凭证所记载内容一致。审计组经过讨论，认为在快递企业大打价格战的背景下，单价 16 元的快递费仍然让审计人员产生怀疑，审计组决定继续跟进。

审计人员在 N 单位官方网站上随机筛选了 3 个快递单号到 Y 邮政支局进行查询，委托查询上述 3 个快递信息，当邮政工作人员将打印的查询信息递给审计组时，醒目的快递费用着实让人震惊。这 3 个邮件的快递费用均为 6 元，与张某所说的 16 元相差甚远。见微知著，审计人员意识到这 20 余万元的快递费可能是个“泡沫”。

针对发现的问题，审计组认真讨论研究、集思广益，寻求突破之法。要么是 M 邮政支局利用障眼法，虚报单价，多赚取 N 单位的快递费；要么是 N 单位与 M 邮政支局双方心知肚明，各取所需。审计组决定到 M 邮政支局进行现场核实，弄清缘由。

审计组联系到张某，请她协助核查有关问题，在事先未告知地点的情况下一起突然到访 M 邮政支局。张某起初很是诧异，其紧张不安的面部表情让审计人员隐约意识到问题所在。审计人员找到邮局财务人员李某，向其询问 N 单位寄递邮件的数量、价格等情况。李某在明知张某是 N 单位工作人员的前提下，仍以保护客户隐私为借口拒不提供有关信息；同时，张李二人对审计人员提出的相关问题也都默契地回避。眼见沟通无果，只能当面揭穿。审计人员随即将先前准备的 3 个邮件的查询信息摆在二人面前，并请她们给予解释，此时他们均选择了沉默。

审计人员趁热打铁，对邮局李某继续施压：咱们邮局是大型国有企业，在群众中有很好的口碑，如果弄虚作假、违规经营，将会产生很坏的影响。同时劝告张某：作为机关事业单位的财务人员，更应该遵纪守规，对单位的财务收支活动起到好的监督作用。在证据和审计人员的劝说下，两人说明了实情，N 单位以快递费名义，委托 M 邮政支局发放春节慰问金的事实。

经进一步核实，2014 年至 2016 年，N 单位违规向单位职工及亲属发放春节福利，三年分别涉及 54 860 元、70 200 元、74 740 元，合计 199 800 元。以上福利均通过 M 邮政支局以汇款方式发放，并开具快递费发票。

至此，一桩弄虚作假、以快递费名义违规发放职工福利，严重违反中央八项规定精神的典型问题终于水落石出。

（本案例根据中国审计署网站案例故事分享改编）

【审计知识 tips】

审计监督作用

党的二十大强调要加强党风党纪建设，要进一步优化完善党的法规制度。对于审计工作者来说，要切实履行其职责和义务，对国家审计工作做出更多的贡献，成为保护国家和人民利益、维护正常经济秩序的坚定卫士。审计是我国监督体制的关键环节，是确保我国法治体系健全的重要保障。想要在审计岗位上发光发热，必须要有坚定的政治立场和信念，要坚持和拥护中国共产党的领导，切实依法履行岗位职责，提高政治觉悟和能力，严格遵守国家的法律和职业规章制度，全面深入了解审计工作的各项标准和要求，准确定位“审计监督首先是经济监督”的作用，不断提高政治站位，用政治眼光观察和分析经济问题的能力，坚决承担审计工作责任。

对于审计工作者来说，要不断提高自己的审计专业素质和能力，通过不断学习来树立服务国家和人民的工作意识。首先，要从国家和人民的角度去思考他们最关心的审计问题，从而制订科学合理的审计工作计划和目标，通过现代化信息技术手段，提高自己审计工作效率和精确度。审计工作者要有大局观，要知道自己的审计工作针对的是什么问题，要知道什么项目和领域要严查，要加大审计监督的力度。审计工作者要以提高审计质量和效率为工作宗旨，要善于发现问题和解决问题，面对重大问题要狠抓三个重点——人员、资金和项目。要第一时间找到项目第一负责人。要有敢于斗争和善于斗争的勇气和策略，面对艰难的审计问题时要迎难而上。其次，国家监督管理部门应该配合审计机构完成日常的监督和巡查，配合检察机关完成监督整改工作，持续加大对重点单位的监管力度。最后，要进一步优化完善审计机构的管理制度，要尽可能通过科技手段，提高审计技术和审计方式，进一步提高审计机构的工作效率和工作质量，切实履行自己的审计职责和义务。

第五章 测试分析、审计分析与审计抽样的应用

第一节 测试分析

一、重要性水平分析

要了解被审计单位的基本情况，主要从数量和性质两个方面进行重要性水平分析。运用审计软件进行重要性水平分析时，是在“测试分析”菜单下选择“重要性”或者是在系统主界面功能区单击“计划阶段”的【重要性】，在 Excel 文件中打开“重要性水平分析”选项，手动填写报表项目的重要性水平和实际执行水平。必要时填写特定类别交易、账户余额或披露的一个或多个重要性水平（见表 5-1）。

表 5-1 重要性水平分析

一、财务报表整体的重要性			
基准	本期数	比率/%	本期重要性水平参考值
总资产			—
收入总额			—
费用总额			—
税前利润			—
请选择恰当的基准			
选择基准时考虑的因素			

表5-1(续)

计算的财务报表整体的重要性	—		
确定的财务报表整体的重要性	—		
选择此分析方法的原因			

二、实际执行的重要性（可容忍错报）	
占重要性的比例	
实际执行的重要性	—

项目	金额	说明

三、特定类别的交易、账户余额或披露的一个或多个重要性水平	
是否存在特定类别的交易、账户余额或披露，其发生的错报金额虽然低于财务报表整体的重要性，但合理预期可能影响财务报表使用者依据财务报表做出的经济决策？	是/否
如是，完成以下内容：	

交易、账户余额或披露	较低的重要性水平	较低的实际执行的重要性水平	考虑的因素

四、明显微小错报的临界值

比率/%	明显微小错报的临界值	说明

五、修改重要性

1. 修改财务报表整体的重要性

最初确定的财务报表整体的重要性	修改后的报表整体重要性	说明

2. 修改特定类别的交易、账户余额或披露的重要性水平

交易、账户余额或披露	最初确定的特定类别的交易、账户余额或披露的重要性水平	修改后的特定类别的交易、账户余额或披露的重要性水平	说明

3. 修改财务报表整体的实际执行的重要性

表5-1(续)

<table>
<tr><td>最初确定的报表整体实际执行的重 要性</td><td>修改后的报表整体实际执行的重要性</td><td colspan="2">说明</td></tr>
<tr><td></td><td></td><td colspan="2"></td></tr>
<tr><td colspan="4">4. 修改特定类别的交易、账户余额或披露的实际执行的重要性</td></tr>
<tr><td>交易、账户余额或披露</td><td>最初确定的特定类别的交易、账户余额或披露的实际执行的重要性水平</td><td>修改后的特定类别的交易、账户余额或披露的实际执行的重要性水平</td><td>说明</td></tr>
<tr><td></td><td></td><td></td><td></td></tr>
<tr><td colspan="4">六、修改重要性对之前确定的进一步审计程序的性质、时间安排和范围的影响</td></tr>
<tr><td colspan="4"></td></tr>
</table>

二、趋势分析

通过趋势分析表不仅能了解本年的具体变化趋势，还能将往年账套情况导入，进行针对性的趋势分析。

选择“测试分析/趋势分析表（未审）或（已审）/趋势分析表多年（未审）或（已审）”菜单（见图 5-1），或者点击系统操作界面中“计划阶段”的【趋势分析表】，点击确认就会自动跳转到趋势分析表窗口。

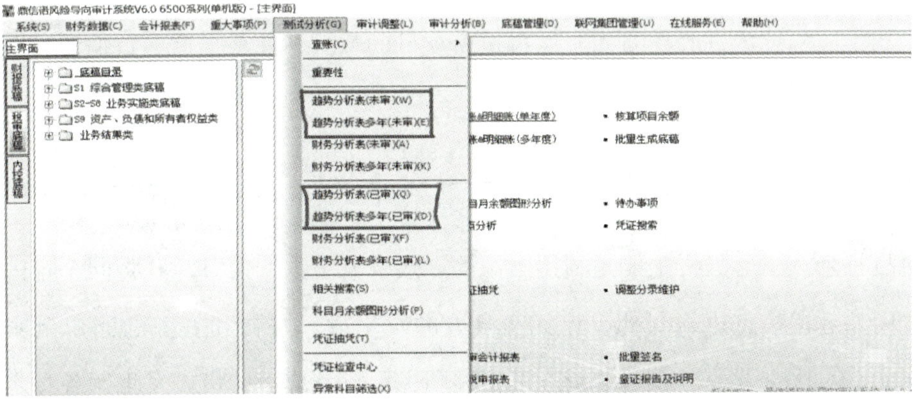

图 5-1　趋势分析表的打开方式

趋势分析表主要包括两个部分：资产负债表趋势分析表和利润表趋势分析表。趋势分析表是审计系统自动筛选和生成的，可以直接显示系统分析处理的数据信息。

报警比例需要审计人员根据职业判断确定，当指标超过报警比例时，则用红色报警。

三、财务分析

财务分析表主要包括两个方面：一是针对本年的财务状况进行分析；二是输入查找财务报表区间，对财务状况进行综合分析。

点击选择“测试分析/财务分析表（未审）或（已审）/财务分析表多年（未审）或（已审）”菜单（见图 5-2），或者点击操作界面中“计划阶段”的【财务分析表】，点击确认后系统就会自动跳转到财务分析表窗口。

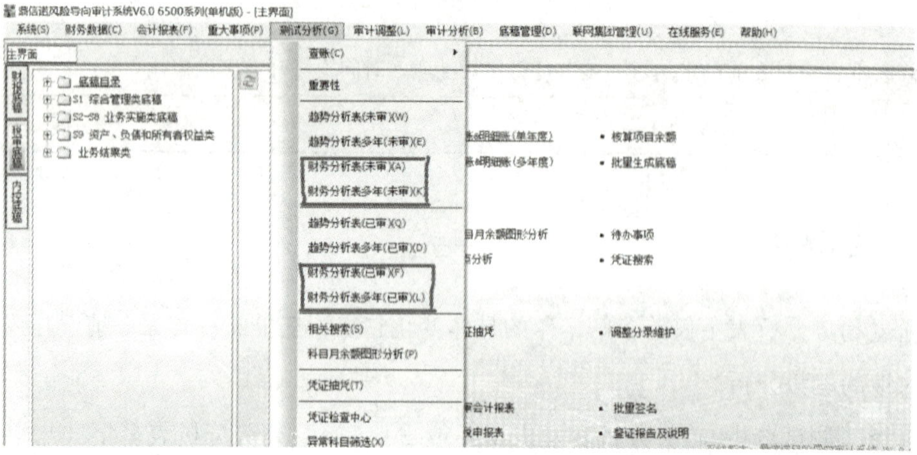

图 5-2　财务分析表的打开方式

财务分析表主要分为财务分析表和数据表两个部分。其中，财务分析表是由审计系统自动生成的，数据表主要用于取得报表项目的数据，并根据这些数据设置财务分析公式。

四、科目月余额图形分析

科目月余额图形分析主要是利用图像的方式来展示数据信息，并将同一年内不同科目之间的数据信息进行对比，比如借贷方的发生额、月初和月末的账户余额等信息。例如，对比主营业务收入的贷方发生额和主营业务成本的借方发生额各月之间的差异，对比 2021 年的主营业务收入与 2022 年的主营业务收入各月之间的差异。

【例 5-1】分析对比在主营业务收入方面，借贷双方在每个月的发生额差异情况。

具体对比流程如下：

（1）点击测试分析下的科目月余额图形分析选项（见图 5-3），点击确认，系统就会自动跳转到科目月余额图形分析窗口。也可在系统操作界面的计划阶段一栏中，单击科目月余额图形分析选项打开科目月余额图形分析窗口（见图 5-4）。

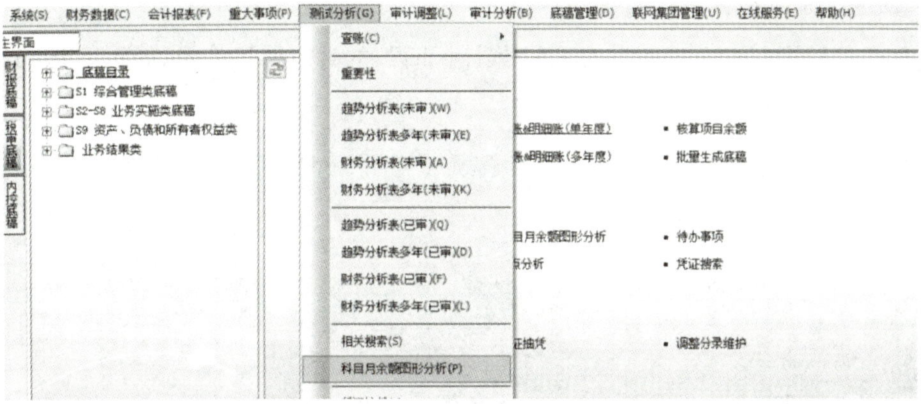

图 5-3　科目月余额图形分析的打开方式一

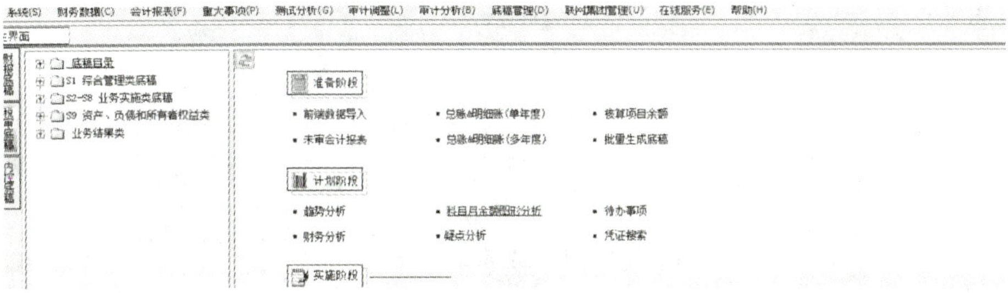

图 5-4　科目月余额图形分析的打开方式二

（2）点击科目月余额图形分析一栏中的科目数选项，点击主营业务收入选项，将其拖拽到窗口的右上方。

（3）将鼠标移动到选择的单元格上，在四类数据中选择贷方发生额选项，将其添加到主营业务收入科目的贷方数据列表之中，那么系统右下方的窗口就会出现数据图形。

（4）单击打开显示样式选项，选择合适的显示方式，比如线形图和圆形图等显示方式。

（5）重复上述第（2）（3）（4）步骤操作，在“科目月余额图形分析”窗口左边“科目树”选择“主营业务成本”科目，将其拖拽到窗口的右上方，点击借方发生额选项，就会在窗口的右上方显示出借方发生额的数据图形。从而直观地呈现主营业务收入与主营业务成本的对比分析结果。

五、相关搜索

相关搜索又叫作交叉索引，其主要功能是确定某一科目在凭证中对应的科目，以及对应科目的借方发生额合计、贷方发生额合计。“相关搜索”更适用于科目之间存在唯一对应关系的检验。

【例 5-2】用“相关搜索”分析“累计折旧”的对应科目“制造费用/折旧费”。

具体操作流程如下：

（1）点击测试分析一栏的相关搜索选项（见图 5-5），点击确认系统自动跳转到相关搜索窗口。

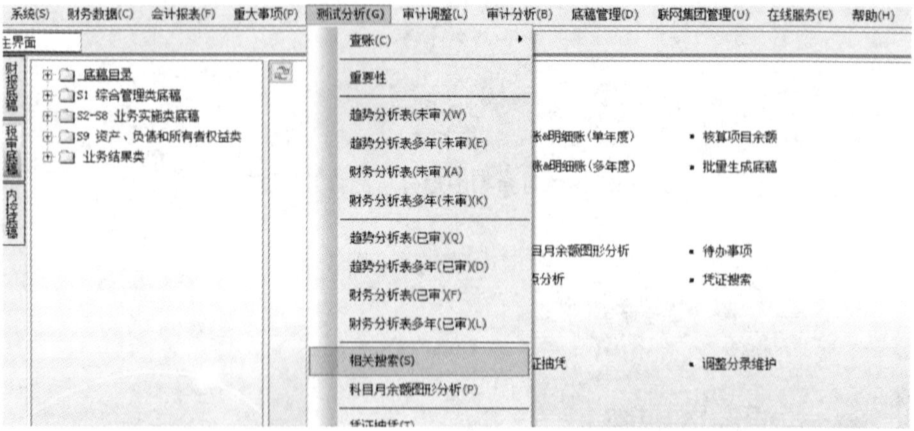

图 5-5　相关搜索的打开方式

（2）点击相关搜索一栏中的选择科目选项，点击搜索确认选项，在搜索窗口的右侧就会显示相关的科目种类、发生额数量和凭证数量等信息。点击累计折旧选项，就会在窗口右侧显示科目累计折旧数量、科目金额以及凭证数量等信息。

（3）进行分析。凭证借方发生额合计是对借记“制造费用——折旧费”同时贷记“累计折旧”的凭证进行汇总，科目借方发生额合计是对所有借记“制造费用——折旧费”的汇总，而无论是否贷记“累计折旧”。因此，科目发生额合计应大于或等于凭证发生额合计。对于“制造费用——折旧费”而言，其与贷记“累计折旧”的对应是唯一的，所以其科目借方发生额合计与凭证借方发生额合计应相等。如果有差额，就说明“制造费用——折旧费”有来自非折旧的项目记入，存在错报，应查明原因。

至于凭证贷方发生额合计，是对贷记“制造费用——折旧费”且同时借记“累计折旧”的凭证进行汇总（事实上，这种情况是不存在的，即发生额为 0），而科目贷方发生额合计只要是贷记“制造费用——折旧费”就进行汇总，当结转制造费用时，“制造费用——折旧费”的贷方发生额是存在的，因此，科目贷方发生额合计与凭证贷方发生额合计有差额是正常现象。

（4）查看明细账。双击右侧窗口列示出的“制造费用——折旧”的任一金额数据，即可查看“制造费用——折旧”明细账。

第二节　审计分析

一、余额方向校对

余额方向校对是分析科目中余额为负数，或者反方向为正数的科目。程序将自动列示余额异常分类及非正常月份、余额等信息。

二、科目对冲检查

科目对冲检查是分析发生额出现负数的凭证，既可以选择全部科目分析，也可以自定义选择某个科目分析。例如：系统将贷方发生额有一笔负数记录的1051号凭证过滤并显示出来，审计人员运用职业判断分析其是否异常。

三、重复业务检查

重复业务检查是分析某个科目同一天发生次数超过限定次数的记账信息。

四、疑点分析

疑点分析是以凭证摘要为分析内容，通过设置可疑关键字，分析过滤出现疑点的凭证。

五、单科目分析

（一）摘要汇总

摘要汇总是分析某个科目的业务摘要，在一段时间内出现的具体频率以及借方与贷方发生额、比重信息。

（二）科目对比

科目对比是设定两个基准科目，对比两个科目各个月的发生额。

（三）科目结构

科目结构是针对某一科目的下级科目结构进行分析，简单来说就是分析科目余额的比例，并将其通过图形的方式展示出来。分析科目结构的操作流程与分析科目月余额图像分析的操作流程是一样的，只需要将总账科目拖拽到右侧上方窗体，并在下拉列表中进行分析数据类型的选择。例如，如果想要了解各材料在原材料中所占的比例，只需将材料的科目编号拖拽到右边，就能查阅到各材料在原材料中所占的比例。

第三节　审计抽样的应用

在鼎信诺审计系统中，审计抽样的应用是通过“抽凭”功能实现的。

一、判断抽样的应用

在鼎信诺审计系统中，判断抽样的应用体现为“手工抽凭”操作。

（1）选择“财务数据”菜单下的“总账 & 明细账”，或者在系统操作主界面功能区准备阶段点击【总账 & 明细账】，打开“总账 & 明细账”窗口。

（2）点击总账既可进入明细账，单击明细账选项可查阅明细凭证，如果发现可疑的地方，想抽出执行检查程序，则单击在该条记录前面的“抽”字。

（3）在“抽样方案”对话框中选择恰当的抽样方案。

在该选项框可以选择所有的抽样方案，并对与科目有关的方案进行筛选和过滤，如果过滤出的方案没有所需要的方案，还可添加抽样方案。

（4）确定抽样方案以后，审计人员会在上面备注一个“抽”字，这样就可以在实质性程序工作底稿中看到所关注的有疑点的凭证了。

二、数理统计抽样的应用

数理统计抽样需要在抽凭窗口完成。

（一）打开抽凭窗口的方式

（1）在“总账 & 明细账”窗口的总账界面或明细账界面，点击【凭证抽凭】按钮（见图 5-6），打开抽凭窗口。

（2）选择“测试分析”菜单下的“凭证抽凭”（见图 5-7），系统会弹出“抽样方案”窗口。在“抽样方案”窗口，双击要选择的抽样科目，然后点击【保存】按钮，再点击【开始抽样】按钮，即打开抽凭窗口。

不同的财务数据表选择的抽样方案是不一样的。抽样方案主要包括三个方面：名

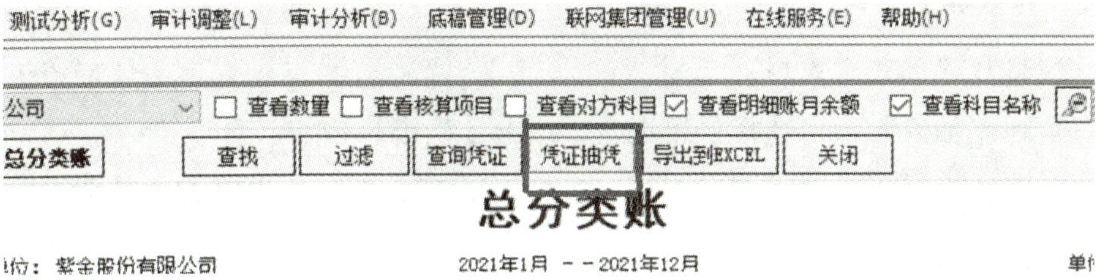

图 5-6　抽凭的打开方式一

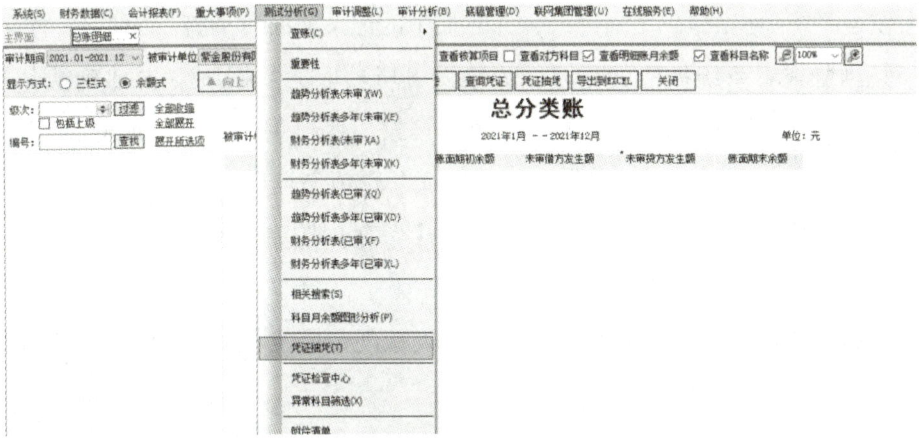

图 5-7　抽凭的打开方式二

称、抽样涉及的科目、应用范围。

需要注意的是，审计人员在导入和导出底稿时会涉及应用范围。以 A、B 两个审计人员审计同一项目为例，A 员工负责编制资产类底稿，B 员工负责其他工作。当 A 员工完成编制底稿工作以后，将其导入自己的项目，获得一个“sjt”格式的文件夹。然后将该文件夹重命名后拷贝给 B 员工。B 员工将文件导入自己的电脑中就能完成自己的审计工作。再比如以 A 员工选择了货币资金和收支检查情况表的抽样方案，但 A 员工没有确定货币资金的应用范围，在生成底稿以后拷贝给 B 员工，那么 B 员工就无法使用 A 员工选择的抽样方案。但如果 A 员工选择了货币资金的应用范围，并将底稿分享给 B 员工，那么 B 员工就也能使用 A 员工选择的抽样方案。

在抽凭窗口，首先需要设置过滤条件，确定选样总体。在设置的过滤条件中，科目编号与抽样方案为必选项，其余如凭证种类、金额、业务说明、凭证月份等项目可由审计人员决定选取与否及如何选取。

（二）统计抽凭的步骤

【例 5-3】在全年的库存现金日记账中用随机抽样方式抽取 15 笔记录进行检查。

操作步骤如下：

（1）打开“抽凭”窗口。

（2）在“抽凭”窗口选择科目现金，点击【确定】按钮。

（3）系统弹出“抽样方案”窗口，选择“货币资金——大额现金收支检查情况表”，点击【确定】按钮。

（4）点击【搜索】按钮，系统列示出所有满足条件的未抽凭证。

（5）选择抽样条件。选择“抽取样本数”，在输入框输入“15”，点击【试抽取】按钮，系统随机抽取15笔记录，并在抽中的记录前面自动打“√”。

（6）浏览查看系统抽取的记录，如果认可所抽取的数据则点击【确认】按钮，如果对系统抽取的记录不认可则点击【撤销】按钮后再重新抽取。所有认可已抽记录将列入“已抽凭证”中，可点击“已抽凭证”选项卡查看。

（7）再次确认所抽取的记录，最后点击【保存】按钮，所有抽取凭证记录变为蓝色字体。系统将记录抽样轨迹。

（8）打开货币资金实质性工作底稿中的大额现金收支检查情况表，对抽取的这15笔记录进行追查至原始凭证。

（三）撤销样本

【例5-4】应收账款实质性工作底稿中的应收账款检查情况表中已生成10张已抽取的凭证记录。现要删除应收账款检查情况表中1—6月份的已抽凭证。

操作步骤如下：

（1）打开“抽凭”窗口，选择抽样方案“应收账款——检查情况表”，点击【搜索】。

（2）点击“已抽凭证”选项卡。

（3）在“已抽凭证”界面，把需要删除的1—6月份凭证记录前面的选择框内的去掉，共去掉4笔（在窗体的“抽样结果统计”区中“已抽笔数”变成“6”）。

（4）点击【确认】，再点击【保存】。

如果要将该科目全部抽凭信息都删除，点击【全部撤销】，再点击【保存】。

（5）打开“应收账款检查情况表”底稿，点击鼎信诺审计“加载项”中的【删除当前表数据源】，即将原抽取的1—6月份的凭证记录删除。

（6）点击【生成当前表数据】，生成最新的抽样记录，追查相关原始凭证。

【实验一】

资料：

第三章操作完成的“学生项目”。

要求：

1. 选择“库存商品”进行科目结构分析。

2. 选择“管理费用”进行科目结构分析。

3. 选择“库存现金”进行科目摘要汇总分析。

4. 选择“主营业务收入”进行科目摘要汇总分析。

【实验二】

资料：

第四章操作完成的“学生项目”。

要求：

1. 针对管理费用，在6—12月份借方大于1 000元的交易中手工选取5笔大额交易，再随机选50%，然后撤销一些样本，保留金额由大到小前5笔记录，再用系统抽样抽取3笔。之后在“管理费用——检查情况表”中生成已抽凭证，追查原始凭证。

2. 针对管理费用在借方记录中随机选取10笔，然后撤销6月份及以前的记录，再运用系统抽样选取8笔，然后追查相关原始凭证。

3. 针对管理费用，在借方金额大于600元的交易中用系统抽样选取10笔记录，并在“管理费用——检查情况表”中生成已抽凭证，然后撤销6笔（保留大额记录），再随机选样5笔，追查原始凭证。

课程思政设计

【思政元素】

社会主义核心价值观：敬业。

马克思主义哲学：客观规律。

审计职业素养：职业判断与职业怀疑。

【思政内容】

分析性程序是审计工作的重要程序之一，可以透过表面的数据，探寻数据背后的逻辑是否符合情理，以此来识别财务舞弊，所以分析性程序直接影响了审计的效果。在分析性程序执行的过程中，尊重客观规律是首要的，只有了解事物的发展规律，才能判断财务信息的合理性，或者感知到背后经济事件的可疑性。大多数审计失败是忽视事件的客观规律，在审计工作中敬业不足，不愿探究真相而导致的。

【思政案例】

紫鑫药业审计失败的“来龙去脉”

《上海证券报》的记者在2011年8月16日发表的《自导自演上下游客户，紫鑫药业炮制惊天骗局》一文中，彻底揭露了紫鑫药业的财务舞弊行为。通过调查，记者发现紫鑫药业通过关联方交易虚增收入和利润，而这一端倪的发现，主要来自记者分析紫鑫药业财务数据或财务比率的结果异样，进而顺藤摸瓜，发现了其收入背后的关联交易。然而，极为讽刺的是，中准会计师事务所对紫鑫药业2010年财务年报出具的审计意见为标准无保留！

据调查结果显示，紫鑫药业的主营业务为种植中药材和生产中成药，在上市初期，该企业并不被市场看好，但从2010年下半年开始，该企业开始涉足人参加工贸易，导致其净利润同比增长了184%，2011年上半年净利润同比增长更是达到325%；其2010年、2011年营业收入较2009年分别增长250%和362%；与此同时，2010年的现金活动现金净流量增长-1 782.02%，净利润与经营活动现金净流量的变化趋势差异如此之大，不得不引起人们对其业绩的怀疑。

紫鑫药业财务舞弊的事实：虚构收入，关联交易异常。2010年下半年，紫鑫药业的预付款余额高达3.6亿元，同比增长了3.2亿元，紫鑫药业对外声称其中有2亿元是上游的供应商提前预付的采购款，而这几家公司相关信息均被发现涉及紫鑫药业操纵的嫌疑。从营业收入上看，2010年紫鑫药业前五大客户为其贡献的利率占比36.3%，而2019年这一数值仅为10%。仔细分析，还发现2010年的前五大客户相较2009年全部更换，在资本市场实属罕见，原来，这五家客户都与该公司存在一定的关系，紫鑫药业通过支付预付款的方式将资金进行转移，从事房地产等项目，而下游的客户又将赚取的资金通过购买产品的方式回流到紫鑫药业。可见，上、下游供应链的异常交易构成了紫鑫药业虚增收入的链条。

紫鑫药业的这一连串的关联方交易，通过简单的收入、经营现金流量和客户集中度分析即可发现异常，注册会计师却出具标准无保留的审计意见，审计失败的恶劣后果使注册会计师难辞其咎。究其原因，注册会计师未勤勉尽责，其在执业过程中，忽略交易真实性，不尊重客观规律，未保持应有的职业怀疑。审计失败会导致众多投资者的权益受到侵害，扰乱资本市场的秩序，影响国家整体经济的健康发展。因此，做好资本市场的“守门人”，维护国家经济秩序，是每一位财会审从业人员应当肩负的使命。

【审计知识 tips】

从党的二十大报告中体会审计“四新”

党的二十大报告明确指出了党和国家事业的前进方向，是我们党团结带领全国各族人民在新时代新征程坚持和发展中国特色社会主义的政治宣言和行动纲领。党的二十大报告中体现出的新时代、新思想、新目标、新征程，也正是当前及今后一段时期引领审计工作转型发展的新纲领。

一、引领审计“新转型”

在国家监督管理体系中，审计部门的地位和作用是无可取代的。对于审计机构和审计工作者来说，要跟上新时代变化发展的步伐，对传统的审计技术和方式进行升级和转型，创造出新的审计技术和方法，以此来提高审计工作效率和质量，为国家的审计事业做出应有的贡献。

二、指导审计“新理念”

对于审计单位来说，要认清自己肩负的职责和使命，为国家和人民提供高质量的审计服务。在思想上要重视提高自己的责任意识，以全新的审计理念对待自己的审计工作。

三、创新审计“新方式”

审计机构要尽最大可能来创新审计技术和方式，对传统的审计管理模式进行转型和升级，整合有限的审计资源，提高审计资源的利用率。此外还要创新审计实施和执法模式，在法律框架内公正客观地进行审计工作，认真对待改革发展过程中出现的新问题，充分发挥自己的审计经验和优势，为改革发展贡献审计力量。

四、催化审计“新成效”

对于审计机构来说，要牢记自己的历史使命和职责，要在服务中国式现代化建设的同时提高审计成果和审计质量。审计工作者要善于发现问题和解决问题，要切实履行审计职责和义务，尽自己的努力推动审计机制和制度的改革，以此来提高审计工作的综合成效。

（资料来源：修文县人民政府网，2022 年 11 月 30 日）

第六章 审计工作底稿的管理与编制

第一节 底稿的管理

审计工作底稿在 Excel 环境中运行。

一、打开底稿的方式

（一）打开实质性程序底稿的方式

在鼎信诺审计系统中，打开实质性程序底稿有以下四种方式：

1. 通过菜单“底稿管理/打开底稿”打开

选择“底稿管理/打开底稿”选项，系统弹出“实质性程序底稿”窗口。双击要打开的工作底稿，或者在要打开的底稿项目前的选择框中打“√”，然后点击【打开】按钮。如果一次要打开多张工作底稿，则选择要打开的各底稿项目，然后点击【打开】按钮。

注意：

首先需要编辑未审会计报表的格式和内容，然后窗口底稿列表中就会按照顺序依次显示报表项目名称，供用户浏览。在这个窗口中，只要用户点击“已编辑”选项，实质性底稿的打开情况就会显示出来；用户只需选中点击“存在对应关系”选项，与报表项目相关的工作底稿就会显示，便于用户了解底稿和报表项目之间的关系；还可以按照业务循环过滤各业务循环所属的底稿。

2. 通过“报表项目右键”打开

在“未审会计报表”“试算平衡表”或“已审会计报表”窗口中找到用户所需的选项，点击鼠标右键，即可在弹出的菜单中选择“打开底稿”。

3. 通过“底稿向导”打开

在系统主界面左侧“底稿向导”窗口，点击展开“实质性底稿”，然后直接双击窗口下方所列的要打开的底稿和报表项目。就“底稿向导”窗口而言，用户能够借助鼠标右键实现对底稿内容的筛选、添加、删除、修改、重读与刷新。

其中，“重读”底稿是从模板目录拷贝全新的底稿，覆盖原来已做过的底稿（底稿重读后，手工录入的信息会丢失）；“刷新”是对 Word 文档底稿进行内容刷新。

4. 通过“系统/待办事项”子菜单打开

在“系统/待办事项”子菜单（见图 6–1）中的“底稿分工复核”窗口（见图 6–2），双击底稿项目可打开相应底稿。

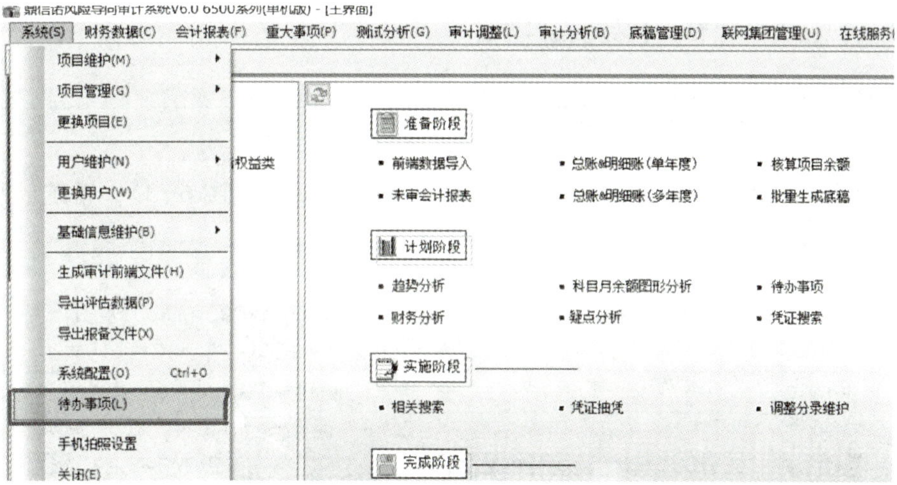

图 6–1　“底稿分工复核”窗口的打开方式

（二）打开其他底稿的方式

上述第三种和第四种方法还可以打开实质性程序工作底稿以外的其他底稿。

二、设置底稿权限

选择菜单栏中的“底稿管理/设置底稿权限”选项，系统就会弹出“设置底稿权限”窗口。这一功能可与“系统/待办事项/底稿分工复核”配合使用。

【例 6–1】限制项目组成员李平修改货币资金实质性程序工作底稿。

操作步骤如下：

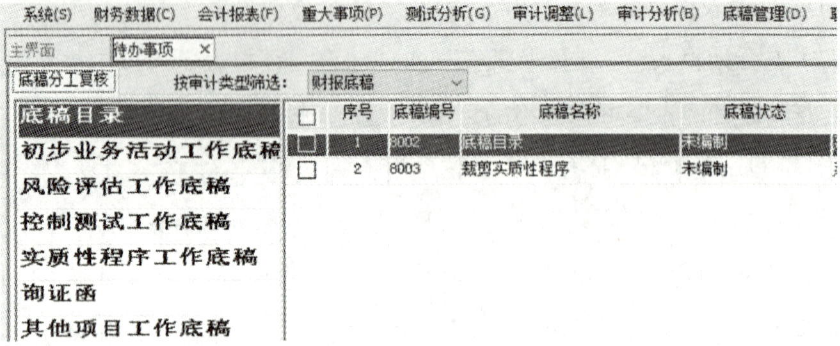

图 6-2 “底稿分工复核”窗口显示界面

首先，由系统管理员输入正确的账户和密码登录该项目，找到“设置底稿权限”窗口选项并点击。

其次，选中左侧的项目组成员李平，在右侧列表中找到“货币资金”底稿行，对列的单元格进行修改，将选项左侧的“√”去掉。

最后，点击【保存】按钮。

三、底稿项目维护

选择菜单栏中的“底稿管理/底稿项目维护”选项（见图 6-3），系统就会弹出“底稿项目维护”窗口。

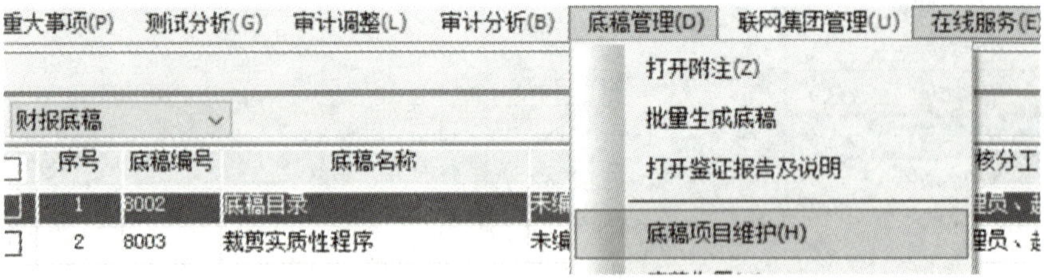

图 6-3 “底稿项目维护”窗口的打开方式

在“底稿项目维护”窗口中能够实现对底稿项目的各种操作，比如项目的“添加”、项目内容的“删除”以及稿件的“打印”等（见图 6-4）。该窗口能够对底稿的索引号进行适当的调整，其他项目自动生成后无须再编辑。

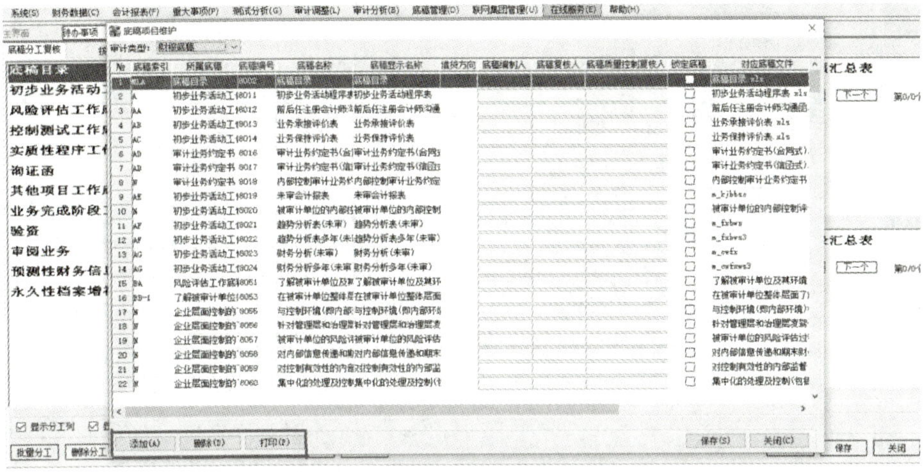

图 6-4 “底稿项目维护”窗口可执行的操作

四、批量签名

批量签名用于对多张底稿进行签名，这一功能可能处于隐藏状态。要调用此功能，需要在按住 shift 键的同时选择“系统/系统配置”（见图 6-5），在弹出的“系统配置”窗口点击【系统控制选项】（见图 6-6），再在弹出的“系统控制选项”窗口勾选“显示批量签名功能”（见图 6-7），此时，“批量签名”功能就能在“底稿管理”菜单中得到应用和扩展（见图 6-8）。

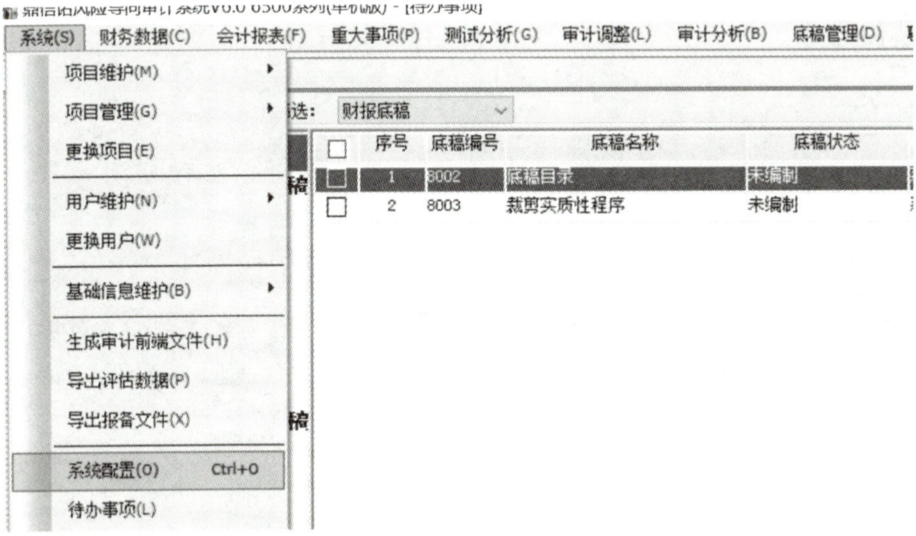

图 6-5 “系统配置”窗口的打开方式

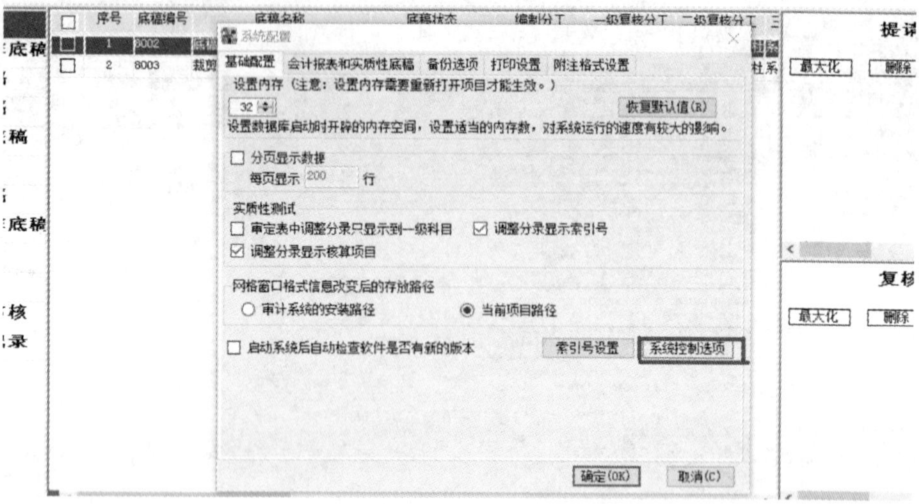

图 6-6 “系统控制选项”示意图

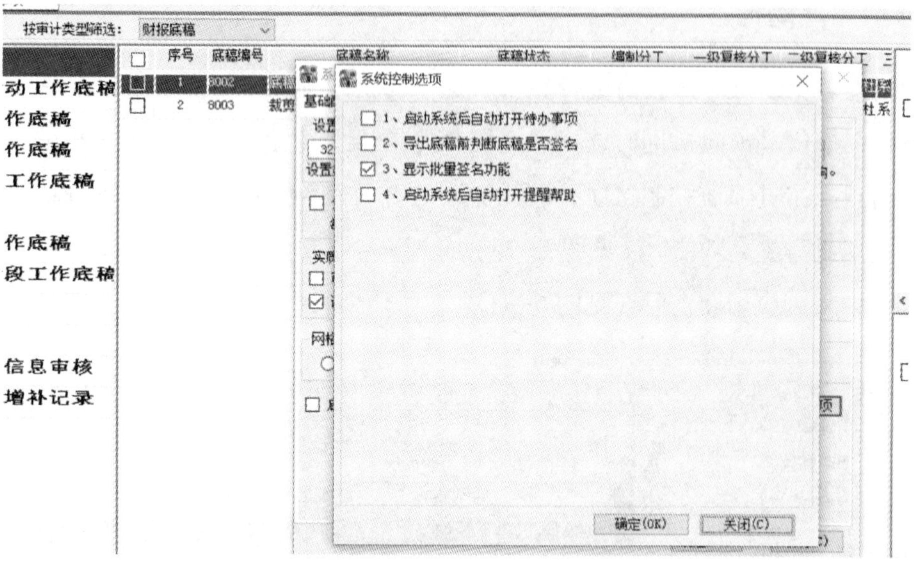

图 6-7 “显示批量签名功能”设置方法

审计人员通过“批量签名”窗口进行编制人与复核人签名。例如，对货币资金的底稿中签名，应首先对货币资金底稿打“√”，再点击【编制人签名】；也可以选择多个报表项目的底稿进行编制人、复核人签名。

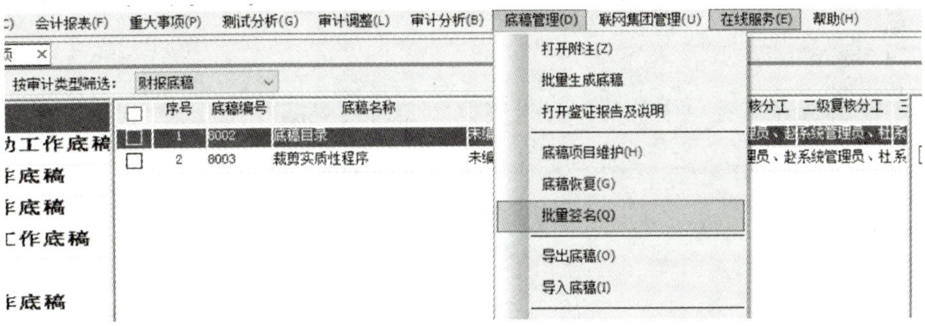

图 6-8 “批量签名”窗口打开方式

五、导出、导入底稿

导出、导入底稿适用于一个审计项目分给多人一起完成的情况。审计人员先各自整理前端数据并进行批量导入，为完成各自负责的底稿任务做好前期的准备工作。审计任务达标后，应及时导出各审计人员的底稿，并将其存储在计算机中。此时，多个审计人员就能用最短的时间共同完成同一审计项目的工作任务。导出、导入底稿的项目内容主要包括：底稿文件、各个项目的余额、目录列表、抽样调查数据、附注信息、提醒重大事项、复核问题记录等。

（一）导出底稿

在“底稿管理”菜单中打开“导出底稿”窗口（见图 6-9）。

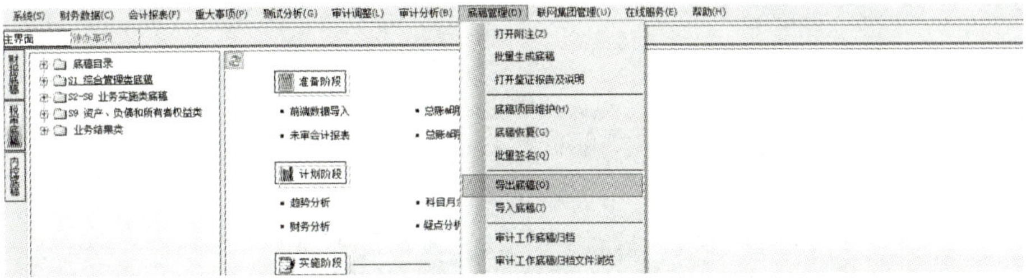

图 6-9 “导出底稿”窗口的打开方式

“导出底稿”窗口包括底稿数据文件显示框、底稿列表、确定按钮、导出数据类型、浏览按钮和取消按钮。此处我们主要介绍前三个。

底稿数据文件显示框：可通过“浏览”筛选需要导出的文件，确定文件的存储路径和名称。

底稿列表：负责筛选导出目标底稿。如果要导出全部底稿，可用鼠标选中“选择底稿”选项。

确定按钮：导出底稿文件后，点击【确定】按钮，即可导出底稿数据文件。

（二）导入底稿

在“底稿管理”菜单中打开“导入底稿”窗口（见图 6-10）。

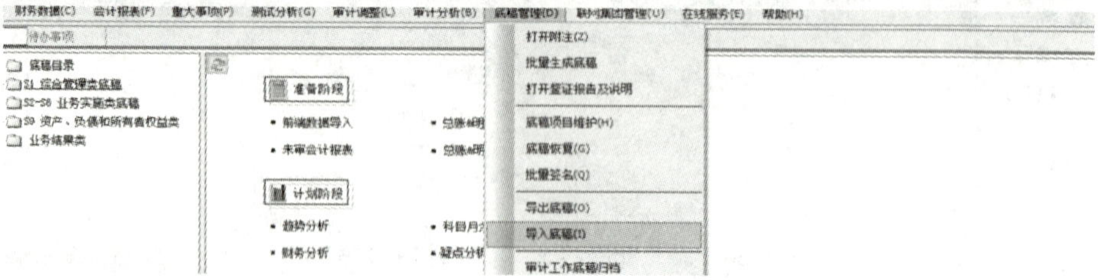

图 6-10 “导入底稿”窗口的打开方式

“导入底稿”窗口包括底稿数据文件显示框、底稿列表、导入数据类型选项、浏览按钮、确定按钮和取消按钮。

六、审计工作底稿归档

审计人员通常要负责审计项目的执行和管理工作，因此在生成审计报告后会用到“底稿管理/审计工作底稿归档”这一功能（见图 6-11）。选择目标路径，将电子版底稿存储到计算机指定位置，准备归档。注意：只有打开并保存过的底稿信息才能正常归档。

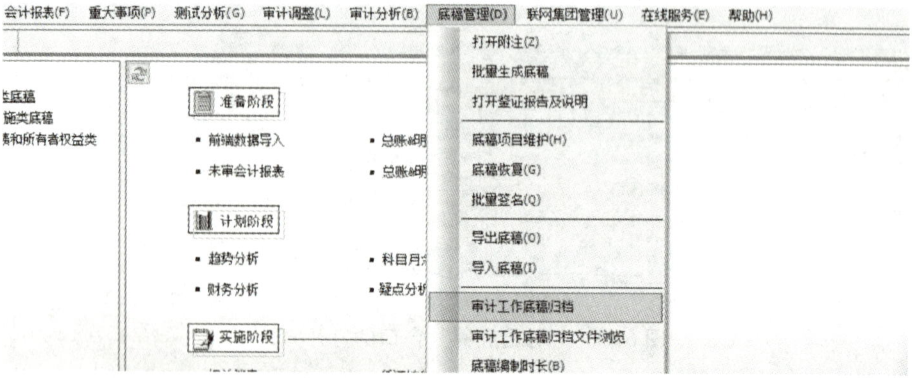

图 6-11 审计工作底稿归档的方法

七、审计工作底稿归档文件浏览

审计项目执行过程中，会用到审计系统中“底稿管理/审计工作底稿归档文件浏览”（见图 6-12）的功能，操作人员应按照当初存储的路径，通过“审计工作底稿归档”功能将底稿信息导出，并且将该项信息内容的导出形式设置为 Excel 文档。

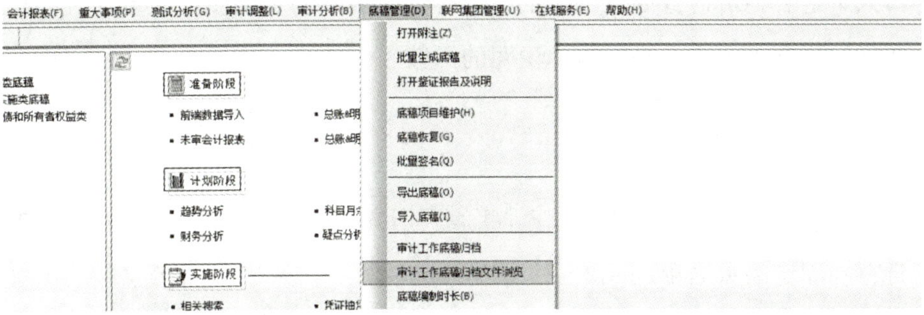

图 6-12　审计工作底稿归档文件浏览的方法

第二节　底稿的编制

鼎信诺审计系统在底稿中加载了一些工作模块，以方便审计工作的进行。

一、鼎信诺审计工具栏

在 Excel 底稿中，将最常用的底稿操作功能加载为工具栏。

（一）设置底稿信息

“设置底稿信息”主要用于“审计说明”“审计结论”“建议披露事项”“底稿签名”和“当前表页签名”的录入。录入后，相关信息会自动显示在底稿中。在填写“审计说明”“审计结论”“建议披露事项”时，可使用右键功能调用“插入审计标识、插入审计结论、插入执行情况”等模板快捷录入。使用“设置底稿信息”这一功能，而不是在底稿相关表页直接写入，能够防止重读底稿时手工写入的信息被删除。

“底稿签名”即批量签名。例如，打开货币资金底稿，在任何一张表页上点击【底稿签名】，则实现对货币资金整套底稿进行编制人或复核人的签名。

“当前表页签名”是对单张底稿签名。例如，当前打开的是货币资金审定表，点击【当前表页签名】，则只在货币资金审定表上进行编制人或复核人的签名。

注意：

系统默认底稿信息菜单中的审计结论、审计说明与建议披露事项只对审定表起作用，即这三项信息系统默认写入审定表。审计人员可以根据审计工作的实际需要，重新编辑，从而将有关信息写入底稿。例如，想要将审计说明只写入银行存款明细表，而不再写入审定表，可进行如下操作：在银行存款明细表上添加关于审计说明公式的函数，在货币资金审定表上删除审计说明的函数。

（二）生成数据

1. 生成当前表数据

“生成当前表数据”可以理解为 Excel 表页所需的数据，这些数据已经处于激活状态，且存在固定的数据源。

在编辑表页的过程中，受到某些因素的影响，可能会导致数据丢失或修改，这种情况下应该利用“生成当前表数据”这一功能来对数据进行修复。

2. 生成全部表数据

“生成全部表数据”可以理解为表页所需的数据，这些数据被保存在 Excel 工作簿中，且存在固定的数据源。

（三）更新

1. 更新当前表

就表页而言，若存在数据源且数据处于激活状态，需要对每行或每列的数据进行更新，通常在“设置列对应关系”中来完成。

2. 更新全部表

选取 Excel 工作簿中的某些表页，对发生变化的数据进行更新。

注意：

“生成”与“更新”的区别：“生成”只要完成数据行的追加操作即可，如果数据已经存在，则无须重复追加，也不会对数据进行修改；“更新”只是对“生成”过程产生的数据信息进行更新，不会产生新数据。

（四）删除数据

当需要重新生成数据时，需要先“删除数据源”再“生成数据”。

1. 删除数据（当前表单数据源）

就某些表页而言，若存在数据源且数据处于激活状态，应对相关数据进行删除。假设某几行的数据归属于相同的数据源，则同一数据源的若干行数据一并删除。操作时，鼠标可置于该数据源所在的任一单元格。

2. 删除数据（当前表所有数据源）

就表页而言，若存在数据源且数据处于激活状态，可对全部数据进行整行删除。

注意：

删除当前表单数据源与删除当前表所有数据源的区别：如果某一张表页设置不止一个数据源，“删除当前表单数据源”就只会删除鼠标定位的那个数据源，而“删除当前表所有数据源”则无论鼠标定位在哪个数据源上，都会删除所有数据源。例如，货币资金截止测试表有截止日前与截止日后两个数据源，当鼠标定位在截止日前的数据源，则点击【删除数据（当前表单数据源）】，只删除截止日前的数据源；如果点击【删除数据（当前表所有数据源）】，则截止日前与截止日后两个数据源都会被删除。

当然，如果某一张表页只有一个数据源，如货币资金审定表只有一个数据源，无论是点击【删除数据（当前表单数据源）】，还是点击【删除数据（当前表所有数据源）】，操作结果均相同。

（五）重算

按照当前表页的公式，重新计算当前表页数据。

（六）设置数据源

“设置数据源”的功能是确定工作底稿每行数据表中的取数以及取数的条件。系统通常已给实质性程序底稿设置了相应的数据源。

操作步骤如下：

（1）打开窗口。

在实质性程序工作底稿加载的“鼎信诺审计”菜单中的“设置数据源”插件中打开“设置数据源”窗口。

（2）选择年度和单位。

如果跨年（跨单位）取数，进行年和单位的选择；不勾选则默认当前项目的年度和单位。

（3）选择使用的表。

以下拉列表为例，其通常由科目进度、科目月剩余情况列表、凭证目录、核算内容、账目总和、剩余货物、固定资产额度以及附加目录等组成。若审计人员需要用到某个数据表，只需单击即可在窗口中自动弹出对应的列。

（4）选择排序列。

以排序列功能，其主要是按照一定的顺序依次显示底稿表页中的数据。用鼠标从左侧列表中选择科目编号、科目名称等属性并拖拽到右侧“排序列”窗口中，想按哪个属性进行排序就把那个属性拖拽到“排序列”窗口。然后在“排序列”窗口选择排序方式“递增”或“递减”。如果要将所有排序列删除，只需通过鼠标进行操作，并将其拖拽到左侧列表中。

（5）选择分组列。

以分组列功能为例，其主要功能是划分底稿表页中的数据小组，并对数据进行合并。例如，选取某个数据表，显示若干个“现金——人民币”科目，假设按照科目名称划分小组，只能得到“现金——人民币”数据这一个唯一的结果。这种情况下，发生额与所有“现金——人民币”的和是相等的。换句话来讲，无论是分组列还是排序列，两者的操作方式没有实质性的区别。

（6）设置过滤条件，通过数据过滤得到想要的数据。

目前的系统中有常规过滤、高级过滤和抽样方案过滤三种方式。

①常规过滤，它的过滤条件可在“设置数据源”窗口列表中包含的“数据过滤”选项卡中设置，审计人员可根据发生时间、科目类型、科目数量以及科目级次等对数据进行过滤处理，筛除不必要的数据信息。

- 按月份过滤

如果“按月份”呈灰色话，则无法使用该过滤方式。这是因为所选择的表是科目余额表，没有月份的数据信息内容。相对于科目余额表，其他表格都能够通过根据月份信息对数据进行过滤。确定月份以后，可根据实际需求自主选择月份。

“按月份”过滤是个复选项，可与后面三个单选项（按科目、按项目对应科目取数、按科目级次）中的任一个复合使用。

- 按科目过滤

首先找到“按科目”的窗口选项，然后点击“添加科目”，此时会自动弹出科目列表窗口；审计人员需要根据具体情况筛选需要过滤的项目，点击“确定”以后，文本框中会自动显示对应的科目名称。此外，特殊情况下可以尝试复选“包括科目的下级科目”这一选项，若没有选中该选项，只能获得现有科目的数据文本；若选中该选项，则能获取更多科目数据。例如，“现金”科目通常由“人民币”和“美元”组成，若选中“包含科目的下级科目”，就能同时得到这两个项目的科目数据；若没有选中“包含科目的下级科目”，只能获取单一选项的科目数据。

- 按项目对应科目取数过滤

单一底稿项目往往和不同科目相匹配。以“货币资金”项目为例，它通常与三个科目相对应，一是“现金”，二是“银行存款”，三是“其他货币资金”。不同项目对应的科目也不同，其实质性程序底稿表页可以按报表项目对应的科目来取数，或者按其他方式获取全部的科目数据。如果没有选择“数据过滤”标签下的“按底稿项目取数”，系统就会将所有的科目数据都显示出来；如果选择“按底稿项目取数”，就可以根据实际情况选择是“按当前底稿项目取数”还是“按其他底稿项目取数”。如果选择“按其他底稿项目取数”，则应在下拉列表选中一个底稿项目。若不勾选“包含下级科目”，则会在列表中显示所有的科目数据。

• 按科目级次过滤

按科目级次过滤分为四个选项：只列示一级科目数据、只列示二级科目数据、只列示明细科目数据和按科目级次。其中，“按科目级次”还包括“包含上级科目”复选项，如果选中“包含上级科目”，就能在列表中显示出所有的科目。若选中三级科目级次则需要显示前三级的科目数据，不然就只取出第三级科目。

如果选择“只列示一级科目数据”“只列示二级科目数据”或“只列示明细科目数据”，那么在实质性程序底稿表页中就相应地只显示“一级科目”“二级科目”或“明细科目”数据。

②高级过滤，它支持审计人员自主开放式设置过滤条件，从而获取所需科目数据。“高级过滤”可同时执行多个方面的过滤，审计人员可根据审计要求自主选择。

③抽样方案过滤，是指当选择使用“凭证表”时，数据过滤条件还可以有抽样方案。

④其他辅助过滤条件中有六个复选项可选。

• 过滤掉全为零的数据

通过“过滤掉全为零的行”，将期初、期末、发生额等数据都是零的科目过滤掉，不在列表中显示。

• 只取出前 X 行数据

底稿中数据量很大，若只用到部分数据，则应该按照顺序依次排列数据，通过该功能获取所需的科目数据，既简单又方便。

此外，还有“允许自动取数”“生成数据前删除已取数据”“保存时设置下次打开页面重新取数”等复选项。

注意：

审计人员需要就每一行的数据设置数据源，换句话说，数据源和表页中的行是单独对应的。不过，我们可以针对不同的行提供各种数据源，也能对若干行提供同一个数据源。设置数据源的行时，有相应的格式范例行。确定数据源以后，需要添加科目数据，数据格式可参考系统规范。

（七）设置列对应关系

就实质性程序而言，确定了底稿数据源以后应该“设置列对应关系”。“设置列对应关系”可以理解为确定底稿列和数据表列之间的关系。在右侧窗口选中数据源的账面列，将其拖拽至左侧窗口中相应的显示“列”。要实现列数据更新，就需要在这个窗口为其选择“更新”。

确定数据源和列之间的关系后，审计人员就能对数据进行更新，或者根据实际情况生成数据表格。系统通常都已经给实质性程序底稿设置好了相应的数据源与列对应关系，从而实现数据向 Excel 底稿的传输。

【例 6-2】设置列对应关系。

（1）先在货币资金审定表中打开“设置列对应关系”窗口，不选择“账面期末数”“未审期末数”和 列“更新”选项。然后在“财务数据/财务数据维护”窗口打开科目余额表，修改“库存现金”科目账面期初与期末余额（各增加 2 000 元），接着点击“生成总账”或在“数据初始化”窗口“重新计算”。最后回到货币资金审定表，点击“更新”按钮，观察“未审期末数”列数据的变化。

（2）先打开“设置列对应关系”窗口，勾选“账面期末数”“未审期末数”和列“更新”选项，再回到货币资金审定表，点击“更新”按钮，观察“未审期末数”列数据的变化。

（八）查账

单击“查账”按钮，查看当前底稿项目对应的报表项目涉及的所有科目的总账与明细账、抽样方案、调整分录、凭证抽凭表、函证表、科目附加信息、底稿对应的报表项目、报表项目对应的科目。

（九）锁定

“锁定”功能主要用于设定当前表的编辑状态。“锁定当前表”就是使当前表处于只读的不可编辑状态；“标准编辑状态”是对当前表的公式与设有数据源、数据列可更新的单元格处于只读的不可编辑状态；“无保护编辑状态”是当前表所有单元格均处于可编辑状态。审计人员还可以通过“关闭数据源取数”功能来禁止或允许数据源取数。

（十）多表操作

“多表操作”通常由多个命令组成，或负责全部表数据的生成，或负责全部表数据的更新，或负责所有表页的计算等。这些命令和系统中的某些功能没有本质的区别，唯一的不同是“生成”“更新”“重算”只对当前表起作用，而“多表操作”则对该底稿下所有的表页都起作用。

二、“鼎信诺审计”菜单

在 Excel 底稿中加载了“鼎信诺审计”菜单功能，在“工具栏”的基础上又添加了一些计算机审计特有的功能。

（一）索引号设置

这一功能主要是设置索引号的编排规律。通常，每个会计师事务所都有自己的索引号编排规律。

注意：

（1）间隔符，即索引号各级之间的连接符，如“ ”“—”“.”“_ ”。

（2）起始数字，即索引号的起始数字可以为 0 或 1，如 ZA-0 或 ZA-1。

（3）一级长度，即一级索引号的长度，如一级长度=3，索引号为 ZA001 或 ZA-OOE。

（4）其他级长度，即其他级索引号长度，如一级长度=3，其他级长度=2，索引号为 ZA00101 或 ZA-001-01。

（5）不编号表页名称，即只显示底稿中主索引号的表页，如 ZA。需要在文本框中输入相应的 Excel 底稿的表页名称，用“,”分隔，如审计程序。

（6）空索引号表页名称，即不编写索引号的表页。要在文本框中输入相应的 Excel 底稿的表页名称，用“,”分隔，如披露表（标准）、披露表（上市）。

对于底稿编号、同上编号、不编号或置空的设置，也可打开某一报表项目的 Excel 实质性底稿，在其“底稿目录”表页的“是否编号”列进行选择设置。

其中，“不编号”表示该底稿索引号只使用主索引号，“同上编号”表示该底稿索引号与前一张底稿索引号相同，“编号”表示该底稿接着前一底稿连续顺次编号，“置空”表示该张底稿不生成索引号。

在“底稿目录”表页的“是否显示”列还可以做出是否显示某张底稿的选择。若选择“否”，则该底稿不会显示在底稿工作簿中。

（二）生成底稿目录

底稿编号设置后，或者是新增底稿后，即可使用“鼎信诺审计”加载项中的“生成底稿目录”功能重新生成底稿目录，同时也为新增的底稿添加索引号。

（三）明细账透视

如果财务数据中有凭证数据，那么可以用这个功能生成一个或几个科目的按月的明细分析底稿（分项分月分析表），也可以生成毛利率分析表。

（四）套打底稿

套打底稿是指将整理底稿文件并全部打印出来，或者按照实际需求自助打印。

三、底稿右键功能

鼎信诺审计系统在 Excel 底稿的单元格上和行标上的鼠标右键加载了一些功能。

（一）单元格右键功能

1. 插入索引与打开链接

（1）在实质性程序底稿中右击单元格，在弹出的菜单中，点击“插入索引”选项，系统会自动弹出“插入索引”对话框，找到目标索引号后将其插入单元格即可。

注意：

一是只有打开并保存底稿，该底稿的所有表页的索引号才会出现在“插入索引”窗口，否则只列示主索引号；二是插入索引的单元格不能是文本格式。

（2）右击已插入索引号的单元格，在弹出的菜单中，点击“打开链接”后索引底稿就会自动显示出来。

2. 审计标识、审计结论及执行情况的插入

右击实质性程序底稿的单元格，在弹出的菜单中选择审计标识、审计结论及执行情况的插入选项，可从插入审计标识、结论、执行情况的模板中选择相应文字插入底稿中。

3. 放入科目

（1）适用范围。

配合已设置好公式的实质性程序底稿使用，常见的适用范围包括截止测试表、替代测试表、存货计价测试表、收入成本配比底稿等。在 Excel 底稿中可以运用“放入科目”功能的单元格，常以黄色填充。

（2）操作步骤。

在实质性程序底稿中找到目标单元格，点击“放入科目”选项，在弹出的科目列表中选择“科目”及“审计期间”，点击【放入】，将选中的科目信息生成到底稿，在底稿中点击【生成】，底稿即显示相关科目信息，有公式的单元格自动取数计算。

注意：

当准备放入科目的底稿中的数据源来自不同会计期间时（如截止测试），执行【放入】后，系统会弹出提示“是否替换数据源中的审计期间”，选择【是】，则所有

数据源的期间都替换成当前审计期间；选择【否】，则数据源的期间不会发生改变。如果底稿中的所有数据源都是来自当前审计期间，则系统不会提示。

（二）行标右键功能

1. 放入函证

给多家被询证人发函，函证类型相同时，适合使用“放入函证”功能。“放入函证”就是在底稿（通常为明细表）中选择多行（被询证人）的数据合并到通用询证函文档中，数据的每一行（被询证人）都会生成一个单独的询证函 Word 文档。

（1）生成询证函。

【例 6-3】审计人员决定对全部 9 家应收账款的债务人执行函证程序。

操作步骤如下：

①在应收账款明细表底稿中，选中 9 条记录，进行行标右击，在弹出的菜单中选择子菜单“放入函证”，根据科目类别，选择询证函种类“企业间函证函”。

②回到操作系统的主界面，在底稿向导中找到“询证函”文件夹展开，找到应收账款询证函的模板，双击进入“企业间往来款项询证函”表页。

③在“企业间往来款项询证函”表页录入询证函各项目数据。例如，选择要函证金额的性质以生成函证金额，录入回函地址、联系人、电话、传真等信息，然后单击“生成询证函”，系统自动将该函证信息放入 Word 文档中。

提示：对企业间往来款项执行函证时，函证金额应选择“未审期末数”，函证类型为必选项。

④系统提示“是否打开询证函”，选择【是】，系统打开 Word 询证函，审计人员查看 Word 询证函，无异议后，即可打印发函。

（2）删除函证信息。

【例 6-4】审计人员决定删除最后两笔函证。

操作步骤如下：

①在任意底稿表页中点击【查账】按钮，弹出快速查账窗口。

②在快速查账页面点击【函证表】按钮，在这个表页中选择函证类型“企业间往来款项询证函”，窗口显示已生成询证函的列表，选择要删除的最后两笔函证，点击【删除】按钮，即可删除函证。

（3）查看已生成的询证函。

点击【已生成的询证函文件列表（L）】，弹出已生成的函件列表。然后双击列表中的文件记录，即可打开询证函 Word 文档。

提示：如果审计人员要查看发过多少函证，可在应收账款底稿中的“应收账款——函证汇总表”查看。如果审计人员需要修改函证格式，可到鼎信诺审计系统安装目录下，找到函证模板进行修改。修改时只能修改格式，模板中带公式链接的地方不要修改。

（4）再次发函。

【例 6-5】审计人员决定对禹天商贸公司再次发函。

在应收账款明细表中，选中禹天商贸公司，然后重复生成询证函的操作步骤，即完成对禹天商贸公司的再次发函。在应收账款函证结果汇总表底稿中点击【更新】，在禹天商贸记录行即显示第二次函证的时间。

2. 生成账龄

对企业间往来款项需要进行账龄分析，如果在“数据初始化”时已设置好账龄区间，即可利用此功能生成账龄。

（1）生成账龄的操作方法。

在实质性程序工作底稿的明细表中，选择要生成的账龄的数据行，在其行标上点击右键，点击子菜单“生成账龄”，弹出“生成账龄方式”对话框，选择生成账龄方式，点击【确定】，即可生成。

（2）生成账龄的方式。

生成账龄的方式有两种：一种是根据以往多年数据通过先借先还法计算账龄，如生成 2 年及 2 年以上的账龄，则需要将多年的账套导入系统；另一种是在连续审计的情况下，可以根据上一年度审定账龄推算本年账龄。

（3）生成账龄的特殊考虑。

如果做了审计重分类调整，如预收账款重分类调整至应收账款，则需要先在预收账款明细表中“生成账龄”，然后再到应收账款明细表中做“生成账龄”的操作，该重分类调整来的应收账款才会生成账龄。此外，还要在原科目明细表中更新删除账龄。

如果做了账表差异调整，如从预付账款调整至应付账款，需要先在预付账款明细表中“生成账龄”，再到应付账款明细表中做“从原科目获取账龄”的操作，才能对其在应付账款中生成账龄。需要注意的是，在原科目明细表中则需要手工删除账龄。

坏账准备不需要做“生成账龄”的操作。

3. 科目测试

科目测试包括存货发出计价测试、替代测试（借方）、替代测试（贷方）。

【例 6-6】 审计人员决定对大额库存商品进行发出计价测试。

操作步骤如下：

①打开“存货”实质性程序工作底稿。

②在“存货”实质性程序工作底稿中找到“存货明细表”，选择“库存商品”所在数据行，在行标处点击右键，弹出右键菜单。

③选择“科目测试”，系统弹出二级菜单。

④选择“存货发出计价测试”，系统自动生成存货（库存商品）发出计价测试表，并生成相关数据。

4. 设置科目附加信息

“设置科目附加信息”是在审定表或明细表中使用的一个行标右键功能，它主要是用于配合检查测试程序表生成数据，且在不同的底稿中具体功能也有所不同。比如，在应收账款底稿中，“设置科目附加信息”包括替代测试、往来科目长期挂账款项、关联方、汇率折算检查，分别配合“替代测试表”“往来科目长期挂账检查表”“列示关联方”“汇率折算检查表”的使用。

若要在这些程序表中撤销某条记录，不能在这些程序表中直接删除，需要在“财务数据/科目附加信息维护”菜单中删除该条记录，或者在底稿“查账”窗口打开“科目附加信息”项目，做“清除”标记后“保存”，再回到程序表中“更新”或“删除”+“生成”。

5. 生成凭证

在实质性程序底稿的数据源为凭证表时，如“检查情况表”“截止测试表”“替代测试表”等，如果系统中存在凭证数据，则在这些底稿的数据行的行标上点击右键，弹出右键菜单，选择“生成凭证”，弹出“生成凭证”对话框，在“附件”的空白处输入文字，即可形成抽凭的底稿。

6. 查看凭证

数据源为凭证表的实质性程序底稿，在数据行的行标上右击，弹出右键菜单，选择“查看凭证”。弹出对话框“凭证信息”，在这个对话框有“显示外币”“显示数量”“显示抽样方案”选项，可进行相应的显示查看。

注意：

“生成凭证”与“查看凭证”这两个功能使用的前提是系统中凭证数据信息已存在，否则凭证既不能生成，也不能查看。

【例 6-7】 审计人员对应收账款执行函证程序，但在合理的期限内未收到被询证人北京兴华有限公司、城乡仓储超市的回函，审计人员决定进行应收账款函证的替代测试。

第一种方法：在替代测试底稿中结合“放入科目”。

审计人员决定对北京兴华有限公司运用“放入科目”的方法进行替代测试，具体操作步骤如下：

①获取底稿中的应收账款选项，显示底稿文件的路径和格式；

②选中“替代测试表”选项后，找到目标单元格，点击选择“放入科目”；

③在弹出的科目列表中选择需要替代测试的“应收账款/北京兴华有限公司”，点击【放入】按钮，北京兴华有限公司的应收账款信息即放入替代测试表；

④点击工具栏的“生成当前表数据”，相应的记账凭证信息即被提取；

⑤根据借方记录，追查到相关原始凭证。

第二种方法：在明细表底稿中利用鼠标右键点击“科目测试”功能。

审计人员决定对城乡仓储超市运用“科目测试”的方法进行替代测试，具体操作步骤如下：

①获取底稿中应收账款项目，显示底稿文件的路径和格式；

②选中“替代测试表”选项后，找到目标单元格，获取科目“应收账款/城乡仓储超市”的行标信息，点击进入“替代测试”窗口；

③由系统生成新的测试表底稿，筛选关键信息；

④根据借方记录，追查到相关原始凭证；

⑤在“鼎信诺审计”加载项中选择“生成底稿目录”，为该替代测试表生成索引号 ZD-009。

注意：

两种替代测试方式的区别：第一种方式替代测试信息不会自动生成到“替代结果汇总表”，需要在明细表运用行标右键选择“设置科目附加信息”（替代测试），将替代测试信息放入“替代结果汇总表”；第二种方式科目替代测试信息会自动生成到“替代结果汇总表”，并在替代测试表中自动生成含有“××单位”的替代测试项目名称，但需要重新生成底稿目录。

四、Excel 的自定义函数

在底稿的单元格中设置函数，以完成对特定数值的取数。

五、鼎信诺审计系统工作底稿的形成原理

鼎信诺审计系统中的“计划实施的实质性程序”功能将风险评估、控制测试与实质性程序连接起来，风险评估与控制测试的结果自动体现在“计划实施的实质性程序”窗口，审计人员根据风险评估与控制测试的结果来选择准备实施的实质性程序，编制完成实质性程序审计工作底稿。

一个报表项目的实质性程序底稿一般包括审计程序表、审定表、检查情况表、明细表、各种具体程序表等，在实质性程序底稿窗口通过点击“表签”实现各个表页的切换查看。其中，审计程序表列示准备执行的实质性程序及执行人、相应底稿的索引号、涉及的财务报表认定与具体审计目标，审计程序表中显示的程序取决于“计划实施的实质性程序”；审定表是汇总类底稿，汇总了明细表、检查情况表、具体程序表审计的情况，并记载该报表项目的审计结论；检查情况表通常是由统计抽样并结合职业判断，再选择适当的样本量进行检查而形成的。审定表、检查情况表、明细表、各种具体程序表的数据通常从财务数据表（科目余额表、凭证表等）中自动提取。审计人员可根据审计工作不同的需要，对工作底稿设置数据源，即设置数据提取的条件以及工作底稿与财务数据的对应关系，使工作底稿生成相应数据。

【例 6-8】审计人员现已完成对货币资金的风险评估，风险评估结果见表 6-1。在了解相关内部控制后，执行了控制测试，控制测试结果见表 6-2。审计人员根据风险评估与控制测试的结果设计了货币资金审计方案。现在审计人员要计划实施的实质性程序，并编辑“底稿目录”。

表 6-1　风险评估结果汇总

<table>
<tr><td colspan="12">四、对重要账户和交易采取的进一步审计程序方案（计划矩阵）</td></tr>
<tr><td rowspan="3">重要账户或列报</td><td colspan="10">识别的重大错报风险</td><td rowspan="3">总体方案</td></tr>
<tr><td colspan="9">相关认定</td><td rowspan="2">相关控制预期是否有效</td></tr>
<tr><td>存在</td><td>发生</td><td>完整性</td><td>权利和义务</td><td>计价和分摊</td><td>准确性</td><td>截止</td><td>分类</td><td>列报和披露</td></tr>
<tr><td>货币资金</td><td>低</td><td>不适用</td><td>低</td><td>低</td><td>低</td><td>不适用</td><td>不适用</td><td>不适用</td><td>低</td><td>是</td><td>综合性方案</td></tr>
</table>

表 6-2　控制测试汇总

交易、账户余额和披露	项目	相关认定								
		存在	发生	完整性	权利和义务	计价和分摊	准确性	截止	分类	列报和披露
货币资金	控制测试结果是否支持风险评估结论	支持	不适用	支持	支持	支持	不适用	不适用	不适用	支持
货币资金	需从实质性程序获取的保证程度	低	不适用	低	低	低	不适用	不适用	不适用	低

操作步骤如下：

①在菜单栏的“会计报表”菜单选择“计划实施的实质性程序”，或者在系统操作主界面的功能区“计划阶段”，点击【计划实施的实质性程序】，打开“计划实施的实质性程序”窗口（这个窗口列示了审计目标与财务报表认定及可供选择的审计程序之间的关系）；

②在左侧窗体选中“货币资金”底稿，风险评估与控制测试的结果已在此窗口生成；

③在右侧窗体“审计程序”前的选择框内选择审计程序，系统默认全选，审计人员可根据被审计单位的具体情况经过判断做出具体选择，如去掉“根据评估的舞弊风险等因素增加的其他审计程序”“其他货币资金”有关的所有程序；

④点击【保存】按钮，完成对实质性程序的选择；

⑤关闭“计划实施的实质性程序”窗口；

⑥打开“货币资金”底稿，切换到“审计程序”表页，可以看到只显示了被选择出来的程序；如果底稿之前已被打开，则需要点击【更新】，或者点击【删除数据源】，再点击【生成】；

⑦切换到“底稿目录”表页，点击“是否编号”列与序号 1“审计程序”交叉的单元格，在弹出的下拉列表中选择“不编号”；分别点击“是否编号”列与序号 6“披露表”、序号 9“外币货币资金核查表”、序号 13“对其他货币资金余额调节表的检查”、序号 19“其他货币资金截止测试”、序号 22“其他货币资金检查情况表”交叉的单元格，在弹出的下拉列表中选择“置空”；

⑧为编号“置空”的表页在“是否显示”列双击做“否”的选择；

⑨在鼎信诺审计加载项中选择“生成底稿目录”，底稿索引号重新进行编排；并且在“货币资金”底稿中“是否显示”选择为“否”的表页会隐藏起来。

【实验一】

资料：

第五章操作完成的“学生项目”。

要求：

1. 为货币资金项目计划实施的实质性程序。

2. 完成银行存款的函证程序。

3. 编制银行存款相关的底稿，进行底稿签名（批量签名）。

【实验二】

资料：

【实验一】操作完成的“学生项目”。

要求：

1. 分别用两种方法完成应付账款的替代测试。

2. 编制相关的底稿（替代测试表与其他底稿编制人不同），进行底稿签名（先对替代测试表运用当前表页签名，再对其他底稿运用批量签名）。

【实验三】

资料：

【实验二】操作完成的“学生项目”。

要求：

1. 针对已批量签名的货币资金底稿，银行存款明细表为另一审计人员编制，运用当前表页签名进行修改。

2. 比较【实验二】的要求 2（先当前表页签名，再批量签名）与【实验三】的要求 1（先批量签名，再在当前表页签名）两种方式，观察对底稿进行二次签名后，前一次的签名是否被覆盖。

课程思政设计

【思政元素】

社会主义核心价值观：法治。

审计职业素养：审计底稿与法律责任。

【思政内容】

根据《中国注册会计师审计准则第 1131 号——审计工作底稿》规定，注册会计师应当及时编制审计工作底稿，以实现下列目的：（一）提供充分、适当的记录，作为出具审计报告的基础；（二）提供证据，证明其按照中国注册会计师审计准则的规定执行了审计工作。审计工作底稿反映了审计工作的方方面面，它既有利于审计工作效率的提升和审计效果的优化，也有利于对审计工作人员的考核，审计工作底稿的复核制度和管理制度是会计师事务所质量控制的重要环节。此外，对于监管部门而言，有利于在审计失败的案件中，判别并追究涉事方的法律责任，保护投资者权益，净化资本市场。

【思政案例】

对利安达在多次审计失败案件中审计工作底稿管理问题的分析

2001 年至 2019 年 3 月，在这近 20 年中，中国证券监督管理委员会共对会计师事务所开具了 72 张罚单，涉及 44 家会计师事务所和 166 名注册会计师，但近半数的罚单集中于少数会计师事务所，其中仅利安达会计师事务所被中国证券监督管理委员会公开处罚 7 次，是被处罚次数最多的会计师事务所。

利安达会计师事务所的执业能力受到质疑，接连而至的罚单表明利安达在执业过程中仍存在较多问题。其在审计工作底稿方面的质量问题主要体现在以下两个方面：

第一，审计工作底稿中缺失、错误、相互矛盾的地方较多。例如，在对浙江九好集团的审计中，其审计稿件收集的收发函投递单统计与其确定的发函清单列表明显不符；审计底稿中甚至出现了相同的人在同一时间、不同地方接受采访的访谈记录，这明显违背了常理。又如，在连城兰的审计过程中，出现了两份审计底稿的描述说明和记录不一致的情况，以及利用前任审计人员的底稿却未对其进行复核的情形。再如，在对天丰节能的审计中，缺少与风险评估相关的审计底稿，在与关联方和关联交易相关的审计程序表中，虽有执行索引号，但未见相关底稿。另外，在审计程序中使用以前年度的工作底稿代替 IPO 审计底稿的情况……此外，相关注册会计师在陈述申辩意见时，声称自己已执行了某项审计程序，但证监会都以找不到相关审计底稿的记录予以驳回，这也说明了审计底稿对于审计人员的重要作用。

第二，审计工作底稿是注册会计师执行审计工作、获取审计证据、得出审计结论的重要载体和凭证，但是利安达的审计工作底稿则存在诸多的缺失、矛盾和错误，而签字注册会计师和质量复核人员并未对审计底稿中的明显不当之处提出异议，这表明利安达内部的质量复核程序未发挥其应有的效力。

【审计知识 tips】

研究型审计

深入学习贯彻落实党的二十大精神，把握习近平新时代中国特色社会主义思想的世界观和方法论，巩固深化审计管理体制改革成果，做实研究型审计，才能深度研析党的二十大重大决策部署，更好地服务保障中国式现代化建设大局。

对审计工作而言，研究型审计是在审计工作中更加注重调查、分析、研究，探索审计事项的真相、性质、发展规律等。对审计项目而言，研究型审计是在完成审计项目特别是重大审计项目任务过程中，站在推进国家治理体系和治理能力现代化的高度上思考审计工作，把促进体制机制健全完善作为重要内容和目标的审计工作模式。因此，开展研究型审计是实现新时代审计事业高质量发展的必由之路。

一、加强理论学习

党的二十大报告指出，“实践告诉我们，中国共产党为什么能，中国特色社会主义为什么好，归根到底是马克思主义行，是中国化时代化的马克思主义行”。作为新时代审计人员，要学懂弄通马克思主义基本原理和中国特色社会主义理论体系，要自觉用马克思主义武装头脑，以唯物辩证法来指导开展审计工作。在习近平新时代中国特色社会主义思想的科学指导下，党和国家在各个方面都有所突破，审计工作的政治属性进一步凸显，因此要深入学习贯彻习近平新时代中国特色社会主义思想。

二、提升业务水平

党的二十大报告指出，“高质量发展是全面建设社会主义现代化国家的首要任务。发展是党执政兴国的第一要务。没有坚实的物质技术基础，就不可能全面建成社会主义现代化强国”。因此，需运用研究型思维，加强审计业务理论学习，提高业务素质，为审计事业高质量发展贡献力量。

三、增强廉洁守纪

党的二十大报告指出，“全面依法治国是国家治理的一场深刻革命，关系党执政兴国，关系人民幸福安康，关系党和国家长治久安。必须更好发挥法治固根本、稳预期、利长远的保障作用，在法治轨道上全面建设社会主义现代化国家”。审计监督对于国家监督事业的健康发展至关重要，依法审计是审计工作的基本原则，必须加强法律法规方面的研究，对现有的审计程序进行优化与升级，在审计“八不准”纪律的指导和“四严禁”要求的约束下，依法独立行使审计监督权，切实做到依法审计、文明审计、廉洁审计。

四、以研究推动实践

在习近平新时代中国特色社会主义思想的科学指导下，提升审计人员的研究意识和研究思维，系统研究问题发生根源及解决问题的思路、方法和路径，更好发挥审计服务我国高质量发展的建设性作用。

五、营造开展研究型审计氛围

通过组织开展研究型审计的实践案例展示活动或调研活动，加强理论研讨和业务交流，鼓励各单位组织开展理论研究，撰写理论文章，推广审计经验，营造开展研究型审计氛围。

第七章 审计调整

鼎信诺审计系统中的“审计调整”菜单包括负值重分类调整、报表级调整分录、账表差异调整（期初、期末）、调整分录维护（期初、期末）、账项调整分录汇总表以及重分类调整分录汇总表等十个子菜单，此处，我们主要介绍负值重分类调整和调整分录维护两个子菜单。

第一节 负值重分类调整

一、负值重分类调整的概念

负值重分类调整包括账表差异调整和审计重分类调整。

（一）账表差异调整

对于某些明细账（往来科目居多）有负值余额的科目，被审计单位在编制财务报表时可能已经做了重分类调整，即被审计单位报表项目是按照明细账余额分析填列的。鼎信诺审计系统中报表的“未审数”通常来自“账面数”，而“账面数”取自总账余额，它与“报表数”即被审计单位提供的会计报表的数额之间有差异，一般被称为“账表差异”，这实际上就是账面数与被审计单位报表之间的差异。系统需要调整这种差异，将系统中的“未审数”调整为正确的金额，即“账表差异调整”。

（二）审计重分类调整

对于某些明细账有负值余额的科目，被审计单位在编制财务报表时也可能没有做重分类调整，即被审计单位报表项目是按照总账余额填列的。此时，在不存在其他错报的前提下，鼎信诺审计系统中未审会计报表的“未审数”与“报表数”核对一致，但存在着重分类错报，需要就这一错报做审计重分类调整。

（三）账表差异调整与重分类调整的区别

“账表差异调整”应排除在审计调整的范畴之外，因为账表差异不是错报。它调整的是未审数，会影响未审会计报表、试算平衡表、审定会计报表的未审数，其调整分录不在实质性程序底稿审定表中出现。当完成数据初始化，在未审会计报表中发现系统生成的报表项目的未审数与被审计单位的报表数据不一致的时候，首先验证是否属于“账表差异”。

“重分类调整”是就重分类错报进行的审计调整，它调整的是审定数，会影响试算平衡表、审定会计报表的审定数，其调整分录在实质性程序底稿审定表中显示。

二、负值重分类调整的操作

负值重分类调整的操作流程如下：

①在系统界面中找到“审计调整/负值重分类调整”选项（见图 7-1），系统会弹出“负值重分类调整”窗口。

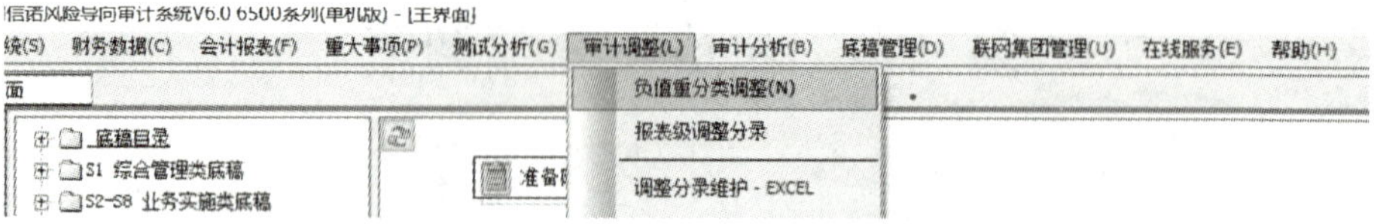

图 7-1　“负值重分类调整”窗口的打开方式

②确定过滤条件，通过过滤获得所需的科目（辅助核算项目），然后选择要调整的科目（辅助核算项目），即在其前面的框内打“√”，可用“shift”键协助选择多项。

③判断是账表差异还是重分类错报，并做出相应的选择。一般而言，如果未审报表中“未审数”与“报表数”有差异，则属于账表差异；如果“未审数”与“报表数”一致，则属于重分类错报。

④选择重分类至对方科目（两种方式）：

一是双击科目栏，从弹出的科目列表中选择对方科目，点击【确定】，实现科目对应。如果弹出的科目列表中没有对方科目，则点击【添加科目】来添加同级科目或下级科目。

二是点击“自动对应”，弹出“设置科目对应关系”窗口，在右侧科目列表中选择对方科目，然后拖拽到左侧窗体的对方科目编号处再放开，即完成对方科目对应。

注意：

在自动对应方式下，虽然只选择一级科目对应，但系统可以快速获取科目信息，并标注辅助核算项目的类型。如果对方科目下含有辅助核算项目，那么对方一级科目不能自动对应到要调整的科目上，需要选择对方科目下的辅助核算项目进行对应，或者选择双击对方科目栏的方式对应。如果一级科目及其明细科目或辅助核算项目都是负值余额，那么只能选择明细科目或辅助核算项目进行负值重分类调整，不能对一级科目进行调整。

⑤点击【期初调整】或【期末调整】按钮，即完成负值重分类调整。

三、账表差异调整分录的维护

“账表差异调整分录”的维护（包括添加、插入、删除），可以通过“审计调整/账表差异调整 ”菜单功能来实现。

下面以期末账表差异调整为例，说明其具体操作步骤。

①在菜单中找到“审计调整/期末账表差异调整”选项，点击后系统会弹出“期末账表差异调整”窗口。

②选中【添加调整分录】选项，点击后显示出空白调整分录组单元格。

③点击【编辑调整分录组】选项，弹出“调整分录”窗口，在该窗口中输入相关内容和信息，完成后点击【确定】进入下一级。

④在窗体下部空白调整分录组中输入调整分录，再点击【保存】按钮。

账表差异调整的具体操作与审计调整的操作相类似，具体细节说明参见本章第二节“审计调整分录维护”。

注意：

期初账表差异与期末账表差异应分别进行调整操作，期初账表差异调整不需要生成到期末，期末账表差异调整也不需要生成到下期期初。对于做了账表差异调整的差异，发现是重分类错报的，可以在这个窗口实现将其移至重分类调整中。

第二节　审计调整分录维护

在审计过程中，如果发现错报，即被审计单位对交易与事项的确认、计量或列报与适用的财务报告编制基础（如企业会计准则）应当列示的金额、分类、列报或披露之间存在的差异，需要编制审计调整分录。按照错报产生的时间不同，在鼎信诺审计系统中审计调整分录分为期末调整分录和期初调整分录。

一、期末调整分录维护

（一）期末调整分录维护的操作步骤

①在菜单中点击“审计调整/期末调整分录维护”选项（见图 7-2），系统弹出“期末调整分录”窗口。

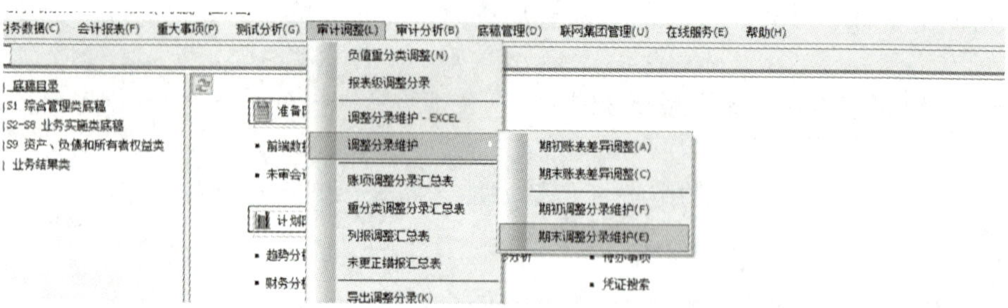

图 7-2 “期末调整分录”窗口的打开方式

②在“期末调整分录”窗口中点击【添加调整分录】按钮（见图 7-3），在窗口下方出现空白调整分录组单元格。

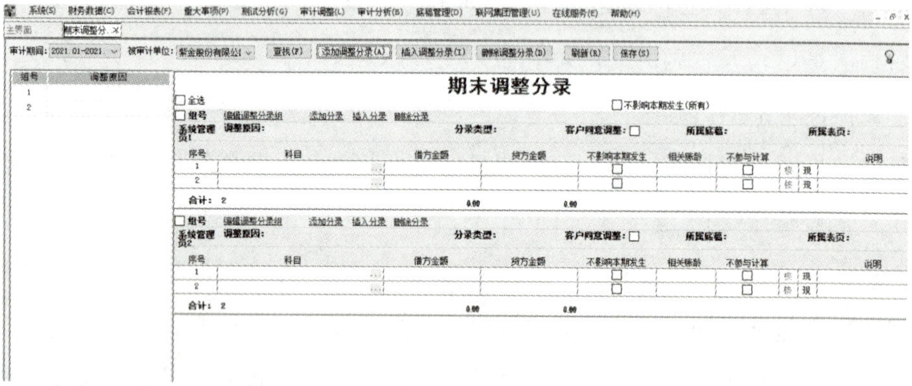

图 7-3 空白调整分录组单元格的打开方式

③点击【编辑调整分录组】按钮，弹出“调整分录”窗口。在该窗口中编辑相关内容和信息，点击【确定】按钮进入下一级。

“调整分录”窗口相关项目说明如下：

一是“分录类型”需要点击输入框，在下拉列表中选择账项调整或重分类调整。账项调整既要调表又要调账，重分类调整只需要调表不需要调账。

二是“所属底稿”通常应用在导入/导出底稿的过程中。

【例 7-1】 选取某个审计项目，由 A、B 审计人员相互协作完成。A 主要编辑资产类底稿文件，B 提供辅助支持。A 在编写完底稿文件后生成“ *. sjt”格式的文件，由 B 进行复制。B 把文件导入到计算机中，通过合并获得完整的审计项目。

A 出具调整分录（假设不考虑对增值税的影响）：

借：应收账款　　　　　　　　　　　　　　200 000

　贷：营业收入/主营业务收入　　　　　　　　　　200 000

若 A 并未通过“所属底稿”对 B 进行文件导出，则该笔调整分录不会出现在完整项目中；若 A 通过“所属底稿”对 B 进行文件导出，则该笔调整分录会出现在完整项目中。

三是“客户调整情况”通常包括两个选项，一是“同意调整”，另一个是“不同意调整”。若点击“不同意调整”，该笔调整分录就会失效，不会影响审定数。

四是在窗体下部空白调整分录组中输入调整分录。“科目”可以手工输入，也可以点击按钮，在弹出的科目列表中进行选择。

五是录入完毕后，点击【保存】按钮。

注意：

在“期末调整分录”窗口，可以按“组”添加多组调整分录。添加每一组调整分录，都可以在该组调整分录内逐条“添加”调整分录。

（二）期末调整分录维护窗口的其他功能

1. 插入调整分录

在“期末调整分录”窗口中，插入调整分录的操作与添加调整分录的操作完全相同，只不过“添加”是在已有的调整分录（组）的后面增加，而“插入”是在指定的某个调整分录（组）前面增加。

2. 删除调整分录

在实际审计工作中，如果需要删除某一组调整分录，可在“期末调整分录”窗口选择该调整分录组号，在窗口上方点击【删除调整分录】按钮。系统弹出提示对话框。点击【是】按钮，即删除该组调整分录，然后点击【保存】和【刷新】按钮，完成对表格数据的删除。

如果只想删除部分分录，审计人员可根据实际情况自主选择需要删除的对象，然后点击【删除分录】按钮即可。

3. 生成审计调整结转分录

“生成审计调整结转分录”可以转移影响利润的科目金额，然后在“利润分配/未分配利润”科目中显示。

【例 7-2】 审计人员做了一笔审计调整分录（假设不考虑对增值税的影响）：

借：营业收入/主营业务收入　　20 000

　贷：应收账款　　20 000

点击【生成审计调整结转分录】按钮后，调整分录在系统列表的显示如下：

借：利润分配/未分配利润　　20 000

　贷：主营业务收入　　20 000

此时，在新生成的该调整分录组内，系统将主营业务收入科目后面的“不参与计算”自动选择，从而系统在汇总损益调整数时就不会包含这笔 20 000 元的结转额。

注意：

一笔调整分录对应一次结转，应在分录调整结束后点击【生成审计调整结转分录】按钮，系统就能完成全部损益类科目的结转。

4. “设置未分配利润科目”

“设置未分配利润科目”主要用于损益类科目结转过程中科目的设置，系统默认设置是“未分配利润”，通常在数据初始化时就已设置完成。

5. “将选中调整分录生成到其他期初”

“将选中调整分录生成到其他期初”主要是在设置多年连续审计编制滚调分录时使用，具体操作见本节“三、滚调分录”。

6. “将选中的分录移至账表差异调整”

如果发现做了审计重分类调整的分录应属于账表差异，则使用此功能进行转移。

（三）影响现金流的审计调整

审计调整出现在直接涉及现金及现金等价物的调整的概率通常不大，但可能会涉及现金流量表补充资料的项目，因此，在编制审计调整分录过程中需要选择其影响的现金流量表项目。

在调整分录组内，如果调整分录涉及辅助核算项目，则在辅助核算项目后面的“核”字会变成红色。

二、期初调整分录维护

选择“审计调整/调整分录维护/期初调整分录维护”子菜单（见图 7-4），系统弹出“期初调整分录”窗口。具体操作参见“期末调整分录维护”。

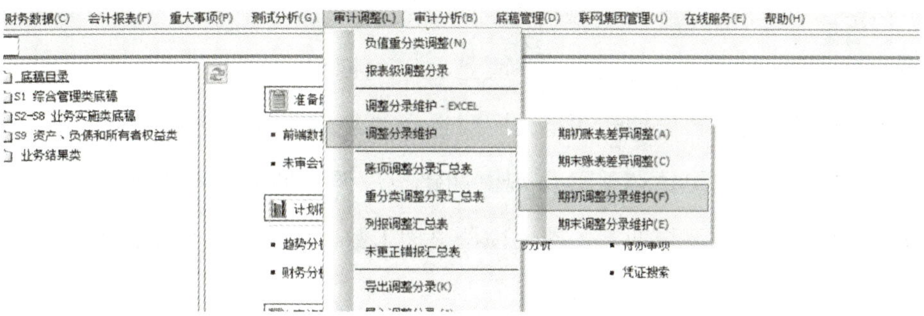

图 7-4　**“初期调整分录”窗口的打开方式**

“期初调整分录”窗口中包含了“将选中调整分录生成到期末”这一选项，其功能是根据额外的分录获取新的期末调整分录，作为判断调整影响期末审定数的参考依据。

三、滚调分录

如果系统中的财务数据超过 2 年，应把当前的期末修改成下一年的期初；或者将本年期初调整分录调整到本年期末。

【例 7-3】2021 年应收账款的调整分录需要滚调到 2022 年的期初。

具体操作步骤如下：

①选择“审计调整/期末调整分录维护”菜单，打开“期末调整分录”窗口（如果尚无调整分录，则先添加一笔调整分录，点击【保存】按钮）；

②点击“期末调整分录”窗口左上角“审计期间”的下拉按钮，选择“2021. 01—2021. 12”，即 2021 年全年的账套；

③点击第七组的组号，再点击【将选中调整分录生成到期初】按钮，窗口下方弹出“选择要生成到的年度”子窗口，该窗口显示项目中所有的账套，选择 2022 年，点击【确定】按钮；

④系统弹出 2022 年“期初调整分录”窗口，并显示调整原因，点击【保存】按钮，滚调分录完成。

提示：

一是“不影响本期发生额”。一般是由于上期出现的错报企业一直未更正，所以在本期审计时做期初调整，并需要滚调到期末。该调整数只影响本期期末数，而不应该影响本期发生额。因此，如果做了期初调整，运用“将选中调整分录生成到期末”

功能，滚调至期末时，在期末调整窗口，系统对生成的期末调整分录会自动选择“不影响本期发生”，则该滚调金额只影响期末数。

二是“红字影响本期发生额”。一般是由于上期出现错报，企业在本期才做更正，所以本期审计时需要做期初调整，同时选择“红字影响本期发生额”，红字冲销被审计单位在本期做的更正调整（体现上期错报应调整期初而不应该调整本期数），且期初的调整不用再滚调至期末，即无须调整期末数，因为被审计单位的期末数是正确的。

【例 7-4】注册会计师在上年审计时针对被审计单位的多计增值税进项税额错报提出调整建议，编制调整分录为：

借：存货——原材料（备品备件）　　22 214. 75

　贷：应交税费—应交增值税（进项税额）　　22 214. 75

情形 1：假定对该错报被审计单位一直未做调整。

情形 2：假定对该错报被审计单位在本年 6 月份做了会计差错调整，编制会计分录如下：

借：原材料（备品备件）　　22 214. 75

　贷：应交税费——应交增值税（进项税额）　　22 214. 75

针对上述两种情形，本年审计时注册会计师在鼎信诺审计系统中应该如何操作呢？

情形 1 的操作步骤如下：

①打开期初调整分录维护窗口，编制期初调整分录：借记“原材料（备品备件）22 214. 75 元”，贷记“应交税费——应交增值税（进项税额）22 214. 75 元”；

②选中上述调整分录组，并点击“将选中调整分录生成到期末”；

③系统生成期末调整分录，在自动打开的“期末调整分录维护”窗口，选择“不影响本期发生”；

④点击【保存】按钮。

情形 2 的操作步骤如下：

①打开期初调整分录维护窗口，并编制期初调整分录：借记“原材料（备品备件）22 214. 75 元”，贷记“应交税费——应交增值税（进项税额）22 214. 75 元”；

②在上述调整分录组内选择“红字影响本期发生”；

③点击【保存】按钮。

四、报表级调整分录

选择“审计调整/报表级调整分录”子菜单（见图 7-5），会自动弹出“报表级调整分录”表页。该表页通常由两个部分组成，一个是“期初报表调整分录”表页，另一个是“期末报表调整分录”表页（见图 7-6）。

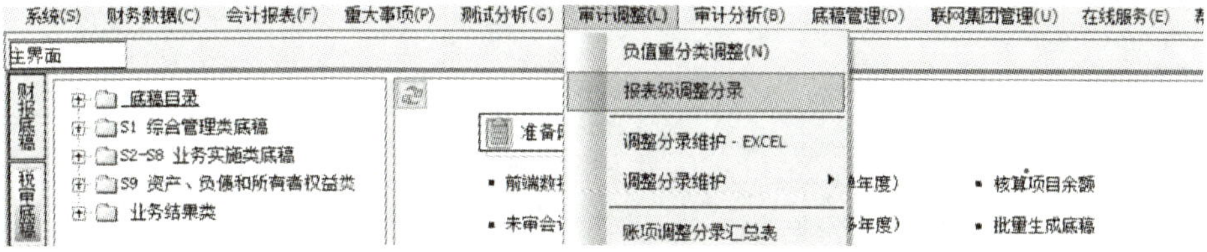

图 7-5 “报表级调整分录”表页的打开方式

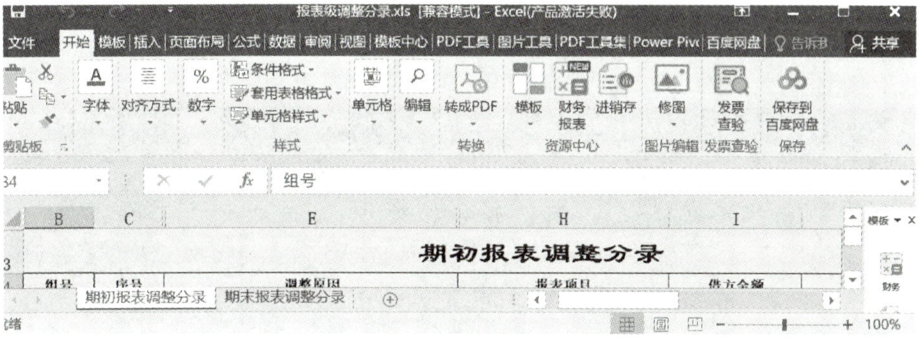

图 7-6 “报表级调整分录”表页的两个组成部分

操作方法如下：

录入“组号”“序号”“调整原因”，点击【报表项目】，在下拉列表中选择调整对象，在目标区域中输入正确的调整金额，点击【调整分录类型】后修改分录类型，复核无误后应及时将其保存在计算机中。

注意：

报表级调整分录功能与科目调整功能不兼容，如果使用了报表级调整分录功能，在审计调整菜单下做的科目调整都没法在底稿反映，因此，一般不建议使用报表级调整。通常，审计人员在审计过程中遇到难题时，会尝试借助该功能生成所需的调整分录，形成“已审会计报表”，并提供详细的审计报告，之后再在鼎信诺审计系统中编制底稿级调整分录。

五、账项调整分录汇总表、重分类调整分录汇总表、列报调整汇总表、未更正错报汇总表

（一）账项调整分录汇总表

在菜单栏中找到“审计调整”功能选项，单击“账项调整分录汇总表”（见图7-7）打开账项调整分录汇总表（见图7-8）。审计人员可以把详细的账项调整分录导入表页中。

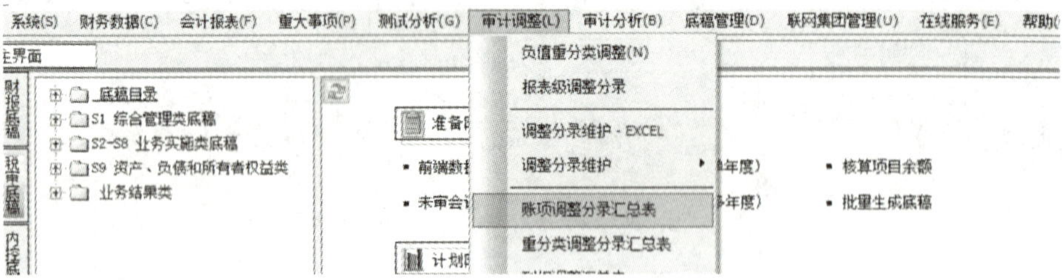

图7-7 “账项调整分录汇总表”的打开方式

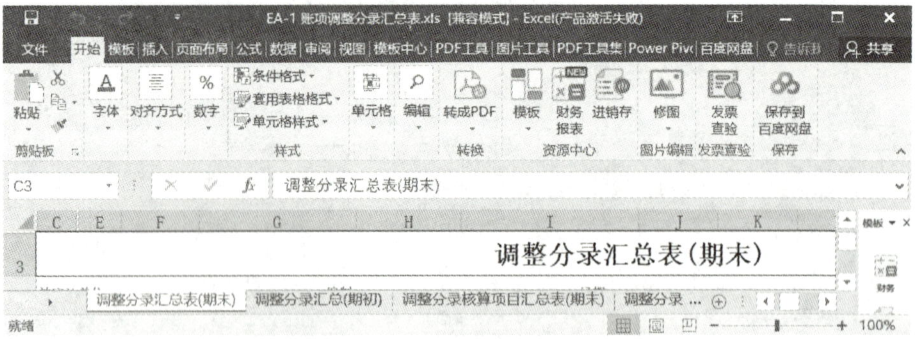

图7-8 “账项调整分录汇总表”样例

（二）重分类调整分录汇总表

操作流程可参考账项调整分录汇总表，操作界面见图7-9和图7-10。

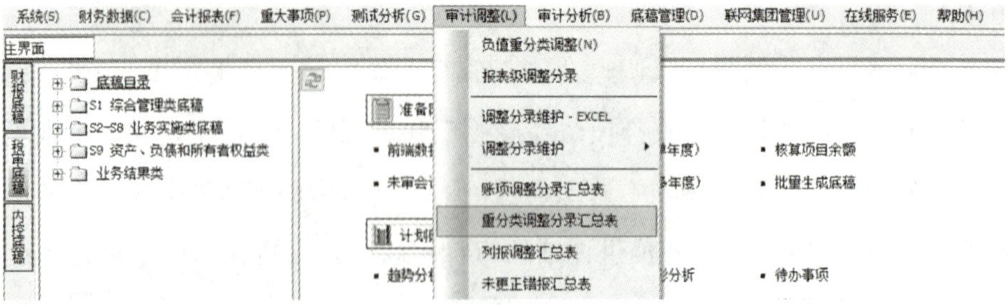

图7-9 “重分类调整分录汇总表”的打开方式

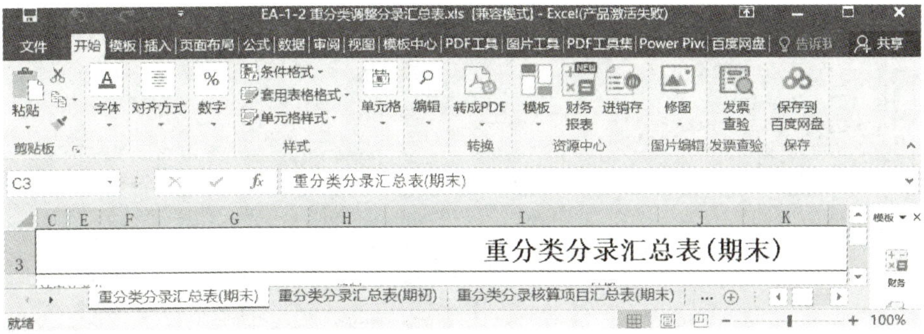

图 7-10 “重分类调整分录汇总表”样例

（三）列报调整汇总表

操作流程可参考账项调整分录汇总表。

在列报调整汇总表中，设置了“注意事项”表页，它的内容较多，包括底稿审计注意事项、底稿披露信息、重点事项以及底稿审计结果等。

在列报调整汇总表中，第三张表页是“未实施的审计程序”表页，审计人员在计划实施的实质性程序时，未选择的程序，也就是未实施的审计程序，都显示在这里。

（四）未更正错报汇总表

操作方法同账项调整分录汇总表。未更正错报汇总表显示已识别而被审计单位未接受调整建议的未更正错报。

六、导出调整分录、导入调整分录

若某个审计项目由多人共同参与，可通过该功能对调整分录进行导出，然后由审计人员负责导入调整分录，生成一个完整的审计项目。

在“审计调整”菜单选择“导出调整分录”“导入调整分录”（见图 7-11），打开“导出调整分录”窗口与“导入调整分录”窗口。

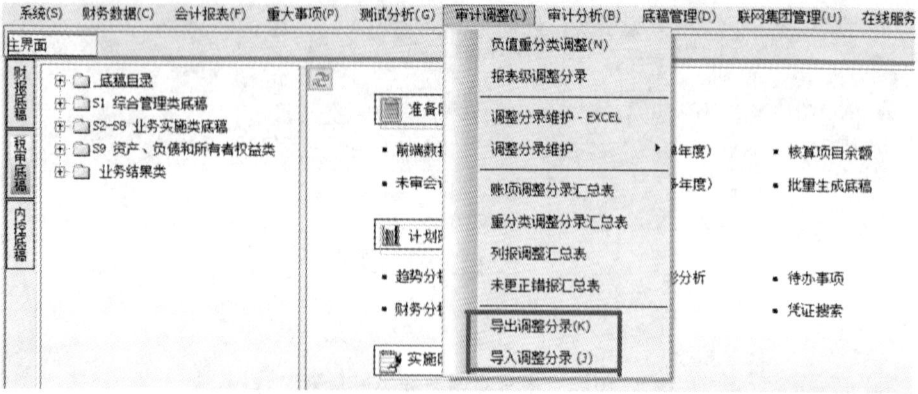

图 7-11 “导出调整分录”窗口与“导入调整分录”窗口的打开方式

【实验一】

资料：

第六章操作完成的“学生项目”。假定所有结算类账户负值余额均为账表差异。

要求：

1. 完成负值重分类操作。
2. 完成账表差异调整操作（分别练习与对应科目的手工对应和自动对应）。

【实验二】

资料：

【实验一】操作完成的“学生项目”。

假设被审计单位存在如下错报：

1. 提前确认收入 1 000 000 元（借记“应收账款”，贷记“主营业务收入”）。
2. 年末采购材料 500 000 元，货到单未到，未估价入账。
3. 资产负债表货币资金项目中，含有尚有两年到期的定期存款 1 000 000 万元。

要求：

1. 编制审计调整分录。
2. 导出调整分录。
3. 查看调整分录汇总表和重分类调整分录汇总表。

课程思政设计

【思政元素】

提升审计效率，优化审计方式，发挥审计“经济卫士”的作用和“免疫系统”的功能。

【思政内容】

审计调整在本质上体现出审计的目的不仅是查错，更是纠正和预防，这也是审计完整的意义所在。对于我国发展来说，审计如何发挥其作用呢?

到 21 世纪中叶，把我国“建成富强民主文明和谐美丽的社会主义现代化强国”。这既是人的全面发展，更是十几亿人民的全面发展。为实现这一总目标，党的十九大又将其分成两个阶段：第一个阶段，从 2020 年到 2035 年，在全面建成小康社会的基础上，再奋斗 15 年，基本实现社会主义现代化；第二个阶段，从 2035 年到 21 世纪中叶，再奋斗 15 年，把我国建成富强民主文明和谐美丽的社会主义现代化强国。审计作为国家经济监督体系的重要部分，理应在此过程中充分发挥审计“经济卫士”的作用，从事中、事后维度对经济事项进行全面监督并就问题事项进行纠正，在此基础上，预防经济不当行为，最终实现审计保障国家经济社会运行的“免疫系统”功能，保障经济高质量发展。

【思政案例】

巧编名目骗补偿，终被审计“揪尾巴”

2017 年下半年，Y 市审计局对外披露了 Y 市 W 建设项目的审计工作信息，基于实地调查和数据分析的手段和措施，查明确定了 Y 市 F 县的违纪事实。

第一步，利用计算机对审计数据进行对比分析，找到可疑之处。2012 年 3 月，Y 市城投公司联合其他部门针对 W 建设项目开展征收补偿活动，通过对 F 县征迁范围内实际情况的勘察和调研，获取相关的房屋和附属物数据，并生成详细的附属物统计表。统计表中详细介绍了住户的房屋面积、结构和等级以及附属物的品种、数量和规格，它是签订征收补偿协议的重要依据。F 县在实际推进过程中，聘请专业评估公司进行评估，出具各户的评估报告，作为实际支付征收补偿款的依据。

为了提高审计效率，审计组在充分收集征收补偿资料和财务数据的基础上，运用计算机分析手段，将评估公司评估被征收户的房屋和附属物的补偿价值与指挥部实际发放补偿款的电子数据进行比对，核实征收补偿资金发放的真实性。在比对分析结果中有一条记录引起审计人员的注意，L 村的 Z 某实际收到补偿款比评估结果要少 50 多万元。对于被征收户来说，这可是一笔巨款。出现这种情况的原因，是收集整理的电子数据有误，还是另有隐情？审计人员决定把 Z 某的征收补偿资金列入重点核查范围。

第二步：通过核查实证资料发现马脚。审计人员立即调出了 Z 某签订的征收补偿协议和评估报告。协议反映，房屋和附属物实际补偿 104 万元，扣除安置房和储藏室价款 28 万元，实际支付补偿款 76 万元。仔细查看补偿明细后发现两个疑点：一是协议补偿款并未按评估结果来补偿。协议上的房屋和附属物补偿明细是按评估报告结果列明的，合计 159 万元，但实际只补偿 104 万元，少了 55 万元。二是附属物中风景树的数量过大，并且都是整数。其中大风景树 10 000 棵，中风景树 5 000 棵，小风景树 1 680 棵，合计 16 680 棵，仅评估树木移植的费用就高达 133 万元。

接下来审计人员查看了能够还原真实情况的非常关键的资料，那就是 Y 市五部门制作的房屋征收及附属物统计表，由此确定征收补偿工作启动后入户勘察统计的情况。对于已经灭失的附属物，如果没有充足的证据是很难确认其真实的品种和数量。Z 某的勘察记录很详细，五部门的相关人员在表上都签了字，Z 某也签了字。表上的记录让审计人员大吃一惊，除了有鱼屋、鸭棚、毛渣路、水泥桥、涵管、杂树外，还有楠木苗 3 亩（1 亩≈666.7 平方米），上面并没有万余棵风景树。为什么小树苗就变成了大树林？里面到底隐藏了什么秘密。审计人员决定正面出击，直接向相关当事人调查了解情况。

第三步：调查问询现真相。村委会出具的“统计表”上共有 1 名村委会干部、1 名指挥部工作人员和 4 名施工方代表签字，征迁协议签字的是 2 名村干部和 2 名指挥部工作人员，加上评估公司，共有 7 名相关人员。审计人员分别列出询问调查提纲，逐一进行了询问，并做了询问笔录。随着询问调查的结束，小树苗变成大树林的作假过程逐渐清晰。

Z 某家有 5 亩责任田，在 Y 市五部门入户勘察统计后一直到 2015 年，县指挥部一直没有与 Z 某就征收补偿问题达成一致意见。2015 年 8 月，县指挥部制作了一张有万余棵风景树的附属物统计表让村委会签字盖章后，通知施工方代表签字，并要求把签字时间提前到施工挖掉树苗修便道时的 2012 年 11 月，给人以风景树林有施工方证明真实存在的假象。评估公司在评估过程中，虽然感觉统计表中风景树数量太大、不正常，但是并没有进行合理性、逻辑性分析，按照委托方的要求出具了评估报告。县指挥部在与 Z 某签订补偿协议时，又认为按评估结果补偿金额太高，就直接将 159

万元的补偿款减为104万元。由此可见，经县指挥部、村委会等相关人员运作后，Z某被征收已挖掉的3亩楠木苗，“3年后”就按照万余棵风景树林进行了补偿。

实际上，这起弄虚作假的行为也是经不起推敲的。该市附着物补偿标准中明确，大风景树的直径为10～16cm，中风景树的直径为4～10cm，小风景树的直径为2～4cm，5亩地上怎能种下有万余棵树的大树林。审计人员按照该市补偿标准计算，3亩风景树苗按风景树林多补偿了77万元。目前，有关部门正对上述问题进行核查处理。

（本案例由“中国审计署网站的案例故事分享”改编）

【审计知识tips】

加强资源环境审计，促进人与自然和谐共生

党的二十大报告强调：“大自然是人类赖以生存发展的基本条件。尊重自然、顺应自然、保护自然，是全面建设社会主义现代化国家的内在要求。必须牢固树立和践行绿水青山就是金山银山的理念，站在人与自然和谐共生的高度谋划发展。”这要求审计机关关注山水林田湖草沙一体化保护和系统治理，践行绿色发展理念，实施资源环境审计，促进人与自然和谐共生。

资源环境审计，是审计机关依法对被审计单位与资源环境有关的财政财务收支及其相关管理活动的真实性、合法性和效益性，进行审计监督和审计验证，从而服务生态文明建设，促进绿色发展。

我国已经进入生态文明建设的新时代，资源环境审计的重要性日益凸显，审计人员需要提高审计站位，聚焦审计关键任务，为资源环境审计的健康发展奠定基础。就资源环境审计而言，其发展是对传统财政财务收支审计的延伸、拓展和超越的过程，资源环境审计越来越注重党和国家生态文明建设方针政策和战略决策的执行落实情况。习近平生态文明思想提出了一系列新理念新思想新战略，为当前资源环境审计指明了工作方向。一是资源环境审计要求审计人员深入学习并且深刻领会习近平生态文明思想的内涵，严格遵循“绿水青山就是金山银山”的发展原则，进一步提高资源环境审计的政治高度和格局。正确处理环境保护与经济发展的辩证关系，把握好审计工作站位，提高客观辩证分析问题和实事求是处理问题的能力，充分考虑历史、现实情况和地域特点，实施科学合理的资源环境审计。二是提高政治站位，聚焦党中央决策部署。重点关注党和国家领导人对被审计地区生态文明建设方面的重要指示批示和重大关切的落实情况，紧扣领导干部主体责任，客观、准确地对被审计地区自然资源禀赋特点进行总体评价，及时反映生态环境领域存在的新情况及风险隐患。三是加大重大生态环境问题披露力度。对违法占用耕地、侵占林地资源、超量开采矿产资源等重大资源毁损问题，水土流失、荒漠化、地质灾害、森林草地退化和生物多样性减少等重大生态破坏问题，以及饮用水源地污染、污水直排、垃圾填埋场渗漏、危废随意处置等环境污染问题重点关注、重点披露。四是加强地理信息技术在资源环境审计中的应用。应用地理信息技术，结合卫星遥感、地理信息系统等技术，研发资源环境审计系统，构建统一集中的资源环境审计数据分析平台，提高资源环境地理信息数据分析精确度，提升资源环境审计结果的信服力。

第八章 财务报表项目审计实验

第一节 实验的组织

一、审计实验的准备

（一）教师在实验前的准备工作

为实验课程配备专业的指导老师，由指导老师对整个教学过程进行设计和安排，帮助学生了解实验目的、实验工具和实验过程。学生观看完老师的实验过程后，可自主进行实验操作，在实验过程中学生应主动提问，教师给予正确的引导、答疑。

（二）专业知识的储备

学生应当具备审计相关的专业知识，在老师的引导下学习完会计学、会计实操、管理会计、审计学、财务管理等课程。

（三）准备实验工具

在实验过程中需要准备的实验工具如下：

（1）纸币作为库存现金，学校可以用点钞券替代。

（2）存货。物质类可用模型替代，大型的仓储物可以用卡片替代，并在上面注明存货的名称、价格以及数量等信息。

（3）固定资产。物质类可用模型替代，大型的固定资产可以用卡片替代，并在上面注明名称、价格以及数量等信息；向银行发送询证函，收到回函应存入底稿。

（4）应收款项涉及大额款项都应当向对方公司发送询证函。

（5）其他（根据需要自行收集或编制其他资料）。

教师和学生根据教学需求来进行教学内容的设计。

（四）人物角色准备工作

1. 审计对象

将整个教室看作一个会计师事务所，并在内部划分职能结构，其中将审计工作组的人员和结构构成进行细化，并下发审计项目，进行审计工作。

（1）合伙人 1 人。

（2）项目经理 1 人。

（3）项目助理多名。

2. 被审计单位

学生划分成整个审计项目中不同的对象，来饰演接受被审计单位内部的管理层、财务人员、销售经理、仓库管理员等不同的角色，与审计人员进行交流。

3. 第三方主体

学生饰演与被审计单位往来的合作方、供应商以及银行等人员，完成发函、回函等行为，并及时处理相关问题。

备注：三种角色都由学生进行扮演，且学生可以重复扮演两个角色甚至多个。

二、审计模拟实验的步骤及相关情形设定

（一）角色分工

根据情景需求进行人物分工，并成立审计部门和组织结构。每组为自己的会计师事务所命名，设定通信地址、邮政编码、联系人等。

（二）实施审计模拟操作

根据审计程序和注册会计师的从业准则，进行财务报表审计业务。

1. 前期工作

收集被审计单位的基本资料和财务信息，与被审计单位的人员进行沟通，确定是否开展该业务。

（1）了解被审计单位的基本信息和内部运营情况，了解单位内部的控制环境和经营环境。

（2）对被审计单位的管理层进行评价，拟定评价表，最后进行综合评价。

（3）对会计师事务所的注册会计师职业操守和道德准则遵守情况进行评价。

（4）与被审计单位签订审计业务书。

假设情形举例：

① 不存在影响注册会计师独立性的情形与因素；

② 项目成员应当了解轻工制造业的发展现状，且项目经理和成员具备该类业务的从业经验，知识储备丰富。行业人员向审计人员咨询问题时，审计人员能够及时处理和解决；

③ 商定审计收费、审计报告提交的时间等；

④ 业务约定内容由双方自行决定。

2. 计划审计工作

（1）初步确定重要性水平。

（2）初步识别可能存在较高重大错报风险的领域。

（3）制定总体审计策略。

（4）制订具体审计计划（本阶段主要是计划实施的风险评估程序的性质、时间和范围）。

假设情形举例：

①注册会计师凭借自身的专业能力来对审计工作程序的重要程度进行判断，并确定基准和比率；

②注册会计师确定可接受的审计风险水平为3%。

3. 风险评估

制定风险评估表，对企业内部的风险进行评估，了解企业内部经营和管理情况，及时发现可能存在的风险，并上报管理层，针对可能出现的风险制定解决策略。

4. 风险应对

针对报表层次重大错报风险采取总体应对措施；针对认定层次重大错报风险，设计与实施进一步审计程序（控制测试与实质性程序），收集审计证据。

对形成的审计工作底稿实施复核（项目组成员相互复核）。

5. 完成审计工作

（1）汇总审计差异，提请被审计单位调整报表或适当披露。

（2）对调整后的财务报表总体合理性实施分析程序。

（3）复核审计工作底稿并评价审计结果：

①综合评价获取的审计证据（充分性、适当性）；

②最终评价重要性水平；

③最终评价审计风险。

(4) 形成审计意见并草拟审计报告。

(5) 与被审计单位管理层、治理层沟通。

(6) 出具审计报告。

(三) 考核评价

学生在鼎信诺系统上进行审计业务的模拟操作，将审计工作底稿整理后上报审计经理，审计经理审核完成进行归档；提交实验心得，交流自己的心得体会，提出改进模拟实验的建议。

备注：审计底稿以小组为单位提交，实验心得每个人都要提交。

三、实验总体要求

本实验需要在课堂上进行上机操作，通常实验室的终端机都做了写保护设置，而实验项目具有连续性的特征，因此需要学生为实验准备存储设备（U 盘等），每次课结束时备份自己创建的审计项目，以便下次课恢复项目继续完成实验。

本实验项目主要是训练学生利用鼎信诺审计系统执行注册会计师财务报表审计业务，各实验可结合第二章至第七章的内容进行学习。

对于初步业务活动、计划审计工作、风险评估、控制测试未单独设置实验项目，教师可以指导学生在鼎信诺审计系统的“底稿向导”中简单操作，了解各类底稿之间的相互联系。

第二节　实验资料

一、背景资料

2021 年年初，某会计师事务所与北京惠洁纸杯厂达成年报审计意向，经初步业务活动，最终该会计师事务所与被审计单位达成一致，作为委托方对北京惠洁纸杯厂 2021 年的财务报表进行审计。

北京惠洁纸杯厂 2020 年财务报表由华天会计师事务所审计，2021 年接任的会计师事务所已就北京惠洁纸杯厂 2020 年的审计事项与华天会计师事务所进行沟通，评价其专业性和胜任能力，最终意见达成一致。审计人员在与上一任注册会计师进行沟通后，获取企业上一年度的审计报告，确定内容全部属实。企业 2021 年度的财务报表与报告数据一致，不存在重大错漏，所以在进行本次年度审计时，华天会计师事务所不会对企业 2021 年度的报表期初余额进行全面审核。

二、被审计单位的基本资料

（一）企业基本情况简介（见表 8-1）

表 8-1　企业基本情况简介

企业名称：北京惠洁纸杯厂	法定代表人：赵海亮（经理）
厂址：北京市昌平区西辛丰工业区沙河路 1001 号	邮政编码：100028
联系电话：010-62567890	联系人：李金曲
电子邮箱：hjzb@ bjhjzbc. com. cn	网址：www. bjhjzbc. com. cn
企业类型：有限责任公司	企业代码：410203829

北京惠洁纸杯厂成立于 2000 年 2 月，注册资本为 500 万元整，员工 56 人，厂区占地近 1 万平方米，厂房建筑面积为 1 000 平方米。经营范围为生产和销售纸杯、纸碗，主要产品有 2 种规格。全部销售业务均为内销。注册商标是“惠洁”。

（二）股权结构

北京惠康有限公司（民营）控股北京惠洁纸杯厂 60%股份，法定代表人赵海亮控股 20%，北京丽洁有限公司控股 20%。

（三）会计岗位分工

财务部长（1 人）：负责审核财务报表、管理资金出入；财务分析、财务决策；登记总账；填制各项税金纳税申报表；编制对外报送的会计报表。

核算会计（1 人）：负责编制存货、原材料等采购表、明细表，留存往来的凭证；会计核算、账务结转、成本计算；编制损益结转、利润分配等业务的记账凭证，登记有关明细账。

出纳（1 人）：负责办理货币资金的收付业务，编制收、付款记账凭证，登记现金日记账、银行存款日记账和现金流量表台账，兼固定资产核算。

（四）开户银行资料

基本存款账户：交通银行北京沙河支行（账号：26703012345）。一般存款账户：中国银行北京昌平分行（账号：41006888068）

（五）税务资料

1. 纳税人登记号

其纳税人登记号为 310225511415054。

2. 主管税务机关

其主管税务机关为国家税务总局北京市昌平区税务局。

3. 税种及税率

（1）企业所得税：25%。

（2）增值税：16%（增值税一般纳税人）。

（3）城市维护建设税：7%（根据企业实际缴纳流转税税额计征）。

（4）教育费附加：3%（根据企业实际缴纳流转税税额计征）。

（5）土地使用税：年税额 5 元/平方米。

（6）个人所得税：按 7 级超额累进税率代扣代缴（见表 8-2）。

表 8-2　个人所得税税率

级数	全月应纳税所得额（含税级距）	税率/%
1	不超过 1 500 元	3
2	超过 1 500 元至 4 500 元的部分	10
3	超过 4 500 元至 9 000 元的部分	20
4	超过 9 000 元至 35 000 元的部分	25
5	超过 35 000 元至 55 000 元的部分	30
6	超过 55 000 元至 80 000 元的部分	35
7	超过 80 000 元的部分	45

（六）对外长期股权投资（见表 8-3）

表 8-3　长期股权投资情况

被投资单位	注册资金/万元	出资比例/%	适用所得税税率/%
彩虹纸制品有限公司	200	60	25

三、被审计单位会计资料及其他相关资料

（一）会计核算办法

1. 账务处理程序

北京惠洁纸杯厂采用科目汇总表账务处理程序（如图 8-1 所示）。

2. 备用金核算

差旅费和员工报销费用可以一次性报销结清。

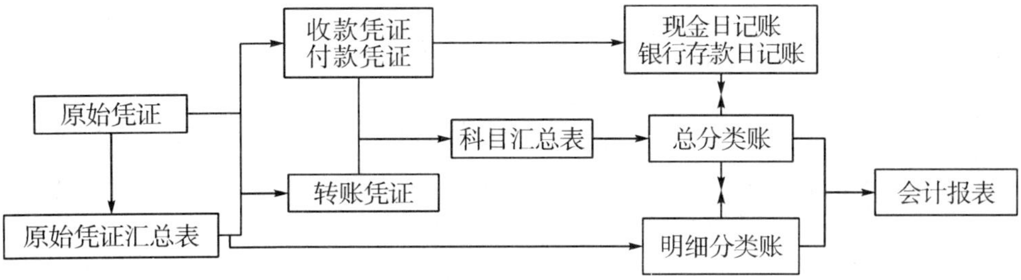

图 8-1　财务处理程序

3. 固定资产保险核算

财产保险费为固定资产原价（扣除车辆原价）的 3.7%（年），按季预付，分月摊销。机动车辆单独保险，按年预付，分月摊销。

4. 生产成本核算

（1）水、电费的分配方法：各月电费按各部门实际发生计量并分配，各月水费全部计入管理费用。

（2）基本生产车间制造费用的分配方法：按生产产品的标准产量进行分配。

（3）在产品计价方法：采用约当产量法，各月末在产品完工程度为 100%，只是尚未验收，因而按完工产品成本计价。

（4）产品成本计算方法：采用品种法。

5. 部分税金的核算

（1）土地使用税：按月计提后，每年分别于 5 月、11 月两次缴纳。

（2）印花税：在购买印花税票时计入当月管理费用。

（3）应交增值税：在月末时，将经计算确定的应抵扣的进项税额、销项税额从“进项税额”“销项税额”专栏转入“转出未交增值税”专栏，然后再将“转出未交增值税”转入“未交增值税”科目。

6. 提取法定盈余公积

按当期税后利润的 10%提取法定盈余公积。

（二）2021 年度财务报表

1. 资产负债表（见表 8-4）

表 8-4　资产负债表

会企 01 表

编制单位：北京惠洁纸杯厂　　　2021 年 12 月 31 日　　　单位：元

资产	行次	年末余额	年初余额	负债及所有者权益	行次	年末余额	年初余额
流动资产：				流动负债：			
货币资金	1	11 079 918. 36	1 525 299. 51	短期借款	29		
衍生金融工具	2			衍生金融负债	30		
以公允价值计量且其变动计入当期损益的金融资产	3			以公允价值计量且其变动计入当期损益的金融负债	31		
应收票据及应收账款	4	2 224 316. 78	2 021 315. 36	应付票据及应付账 款	32	1 732 508. 12	2 645 879. 00
预付款项	5	32 767. 78	37 130. 00	预收款项	33	74 815. 00	114 000. 00
其他应收款	6		132 797. 84	应付职工薪酬	34	94 182. 67	74 300. 00
存货	7	1 948 026. 53	956 416. 54	应交税费	35	707 665. 50	-524 263. 14
持有待售资产	8			其他应付款	36	7 035 406. 00	31 206. 00
一年内到期的非流动资产	9			持有待售负债	37		
其他流动资产	10			一年内到期的非流动负债	38		
流动资产合计	11	15 285 029. 45	4 672 959. 25	其他流动负债	39		
非流动资产：				流动负债合计	40	9 644 577. 29	2 341 121. 86
可供出售金融资产	12			非流动负债：			
持有至到期投资	13			长期借款	41		
长期应收款	14			应付债券	42		
长期股权投资	15	800 000. 00	1 200 000. 00	其中：优先股	43		
投资性房地产	16			永续债	44		
固定资产	17	3 695 955. 31	3 233 436. 46	长期应付款	45		
在建工程	18			预计负债	46		
生产性生物资产	19			递延所得税负债	47		
油气资产	20			其他非流动负债	48		
无形资产	21			非流动负债合计	49		
开发支出	22			负债合计	50	9 644 577. 29	2 341 121. 86
商誉	23			所有者权益（或股东权益）：			

表8-4(续)

资产	行次	年末余额	年初余额	负债及所有者权益	行次	年末余额	年初余额
长期待摊费用	24			实收资本（或股本）	51	5 000 000. 00	5 000 000. 00
递延所得税资产	25			其他权益工具	52		
其他非流动资产	26			其中：优先股	53		
非流动资产合计	27	4 495 955. 31	4 433 436. 46	永续债	54		
				资本公积	55		
				减：库存股	56		
				其他综合收益	57		
				盈余公积	58	1 368 439. 02	294 212. 30
				未分配利润	59	3 767 968. 45	1 471 061. 55
				所有者权益（或股东权益）合计	60	10 136 407. 47	6 765 273. 85
资产总计	28	19 780 984. 76	9 106 395. 71	负债和所有者权益（或股东权益）总计	61	19 780 984. 76	9 106 395. 71

2. 利润表（见表8-5）

表8-5　利润表　　会企02表

编制单位：北京惠洁纸杯厂　　2021年　　单位：元

项目	行次	本年金额	上年金额
一、营业收入	1	17 584 000. 00	10 726 000. 00
减：营业成本	2	9 644 298. 50	6 524 721. 62
税金及附加	3	108 227. 05	65 428. 60
销售费用	4	374 249. 48	344 142. 15
管理费用	5	514 658. 73	468 414. 58
研发费用	6		
财务费用	7	−46 088. 19	−28 145. 18
其中：利息费用	8		
利息收入	9		
资产减值损失	10	17 622. 92	22 152. 76
加：其他收益	11		
投资收益（损失以“—”号填列）	12	200 000. 00	
公允价值变动收益（损失以“—”号填列）	13		
资产处置收益（损失以“—”号填列）	14		

表8-5(续)

项目	行次	本年金额	上年金额
二、营业利润（亏损以“—”号填列）	15	7 171 031. 51	3 329 285. 47
加：营业外收入	16		
减：营业外支出	17	9 520. 00	
三、利润总额（亏损总额以“—”号填列）	18	7 161 511. 51	3 329 285. 47
减：所得税费用	19	1 790 377. 89	588 424. 62
四、净利润（净亏损以“—”号填列）	20	5 371 133. 62	2 740 860. 85

2020 年利润分配数据：

提取法定盈余公积 176 527. 39 元，任意盈余公积 117 684. 92 元，向股东分配 0 元，年初未分配利润-975 587. 00 元。

3. 现金流量表（略）

4. 所有者权益变动表（略）

5. 财务报表附注（部分）

北京惠洁纸杯厂 2021 年财务报表附注

一、公司基本情况（略）

二、会计政策与会计估计

1. 会计准则

北京惠洁纸杯厂执行财政部于 2006 年 2 月颁布的《企业会计准则——基本准则》并以其中的 38 项具体会计准则、应用指南和解释为参考依据。

2. 货币单位

人民币。

3. 会计计量基础

以历史成本为计量标准。如果资产价值降低，应当计提减值准备。

4. 应收款项的坏账准备

公司同时运用账龄分析法与个别认定法计提坏账准备。

（1）将单项金额在 100 万元及以上的应收款项认定为金额重大的应收款项，期末对单项金额重大的应收款项单独进行测试，计算未来时间内的现金流量值，并将其与现在的账面价值进行比对，确定减值损失，调整坏账准备余额。

（2）对单项金额非重大的应收款项以及单独测试后未发生减值的单项金额重大的应收款项，采用账龄分析法分组估计其坏账损失，并据此调整“坏账准备”的余额。

（3）账龄分析法下，应收款项坏账准备计提比例见表 8-6。

表 8-6　应收款项坏账准备计提比例

账龄	计提比例/%
1 年以内（含 1 年）	2
1~2 年（含 2 年）	5
2~3 年（含 3 年）	20
3 年以上	50

5. 存货

（1）存货盘存制度：永续盘存制。

（2）存货的计价方法：库存商品、原材料采用全月一次加权平均法核算，包装物、低值易耗品按先进先出法进行日常核算。

（3）低值易耗品的摊销方法：五五摊销法。

（4）包装物的摊销方法：在生产领用时一次性计入生产成本。

（5）存货跌价准备计提方法：存货按单个存货项目的成本高于其可变现净值的差额提取存货跌价准备。

（6）每年 12 月份对存货进行清查，根据盘点结果编制盘盈盘亏报告单，报经理审批后在年末结账前处理完毕。

6. 固定资产

固定资产从达到预定可使用状态的次月起，按平均年限法在使用寿命内计提折旧。各类固定资产预计使用寿命、净残值率和年折旧率（略）。

7. 所得税

采用纳税影响会计法的资产负债表债务法，以会计利润为基础，针对发生交易或事项的会计处理与税务处理的差异进行调整后，确定应纳所得税。

8. 现金等价物确认条件

同时具备持有期限短、流动性强、易于转换为已知金额的现金、价值变动风险很小的投资，确认为现金等价物。

三、税项（略）

四、重要报表项目的说明（略）

（三）电子数据

1. 2021 年科目余额表与凭证表。

2. 2022 年 1 月份科目余额表与凭证表。

3. 部分合同协议、出入库单、采购发票、销售发票、银行存单。

（见鼎信诺审计系统中的“查看非凭证附件”功能）

第三节　实验项目

实验项目一　项目管理与用户管理

【实验目的】

1. 掌握创建项目的方法。

2. 掌握项目备份与项目恢复的方法。

3. 掌握添加用户、角色分工和权限设置、底稿分工的方法。

【实验内容】

1. 根据第一部分与第二部分提供的资料，创建项目（包含 2021 年度与 2022 年 1 月），以“专业班级+小组编号”为项目名称。如果不分组，每位学生以自己所在“专业班级+学号+ 姓名”为项目名称。

2. 创建项目后在系统中添加用户，并加入项目组成员。成员信息设置如下：编号为“班级 +学号”，姓名填真实姓名，密码自己设 1～12 位字符（数字、字母、符号均可）并牢记。

3. 进行角色分工和权限设置及底稿分工。

4. 备份项目。将创建的项目备份到移动存储设备，以备继续完成后续实验。

5. 恢复项目。将存储于移动存储设备中的项目恢复。

实验项目二　数据导入、数据初始化与数据维护

【实验目的】

1. 掌握数据导入的方法。

2. 掌握数据初始化的方法。

3. 掌握报表项目对应科目的方法。

4. 掌握数据检验与数据维护的方法。

【实验内容】

1. 将 2021 年度与 2022 年 1 月的电子数据导入【实验项目一】创建的包含两个年度的项目中。

2. 每个年度数据导入后，完成数据初始化操作（其中，账龄区间设置为 1 年以内、1~2 年、2~3 年、3 年以上）。

3. 系统自动完成报表项目与科目对应后，检查修正对应关系。

4. 利用“测试分析/查账”功能进行数据检验。

5. 针对数据检验中发现的问题，到“财务数据/财务数据维护”中修正存在错误的数据。

6. 在数据修正无误后，生成审计前端文件，保存到移动存储设备。

实验项目三　应收账款审计

【实验目的】

掌握应收账款审定表、应收账款明细表、往来款项询证函、应收账款替代测试表、坏账准备计算表、应收账款截止测试表、应收账款检查情况表等底稿的编制。

【实验资料】

1. 客户通信地址（见表 8-7）

表 8-7　主要客户通信地址

客户名称	通信地址
禹天商贸有限公司	北京市朝阳区花家地南里 102 号
庆客隆综合超市	北京西城区新风南里 67 号
胜利集团（中国）有限公司	北京西城区复兴门外 77 号
城乡仓储超市	北京市苏州街 59 号
北京兴华有限公司	北京北三环中路 73 号
国航控股有限公司	中关村南大街 12 号
北京华康贸易有限公司	北京市东四环南路 31 号
恒丰广告公司	北京市丰台区东风大街 49 号
海虹礼品公司	北京市朝阳区安贞桥北 82 号

2. 上一年审计工作底稿关于账龄分析的信息（见表 8-8）

表 8-8　账龄分析表

2020 年 12 月 31 日　　　　单位：元

客户	1 年内（含 1 年）	1~2 年（含 2 年）	2~3 年（含 3 年）	3 年以上	合计
禹天商贸有限公司	400 370.50				400 370.50
庆客隆综合超市	549 416.00				549 416.00
胜利集团（中国）有限公司	155 267.00				155 267.00
城乡仓储超市	520 621.00				520 621.00
北京兴华有限公司	95 640.00	44 360.00			140 000.00
国航控股有限公司	95 432.00	28 068.00			123 500.00
北京华康贸易有限公司	68 243.00	5 599.00			73 842.00
恒丰广告公司	100 000.00	2 000.00			102 000.00
合计	1 984 989.50	80 027.00			2 065 016.50

3. 函证应收账款

（1）2022 年 1 月 15 日发函。

（2）9 家债务人全部函证。

（3）客户回函情况

①恒丰广告公司未回函。

②北京兴华有限公司回函称：“截至 12 月 31 日，本公司只欠贵公司 596 798.00 元。”

③北京华康贸易有限公司回函称：“2021 年 12 月 26 日发生火灾，导致公司资产所剩无几，财务状况出现严重问题，估计只能偿还 70%的欠款。”

④其余客户均已回函，且回函金额与发函金额一致。

注意：

第三方主体在函证往来过程中会出现不同的情形，教师可以根据学生对审计知识和认知情况，以小组为单位来对下列几项情形进行模拟：

①函证与实际账目往来一致；

②函证与实际账目往来不一致；

③不能与对方公司进行函证往来，但是可以以审计程序进行替代，比如核对原始凭证等；

④无法执行函证，又无法执行替代审计程序。

假定本期无以前年度已全额计提坏账准备，或计提坏账准备的比例较大的，但在本年度又全额或部分收回的应收款项；本期无通过重组等其他方式收回的应收款项；本期无实际核销的应收款项。

5. 销售合同和出库单、销售发票

有关销售合同和出库单、销售发票见鼎信诺审计系统“非凭证附件”“总账 & 明细账”中的附件。

审计提示：查验合同与出库单，12 月 30 日销售给北京兴华有限公司的纸碗实际并未发出。

【实验内容】

1. 编制应收账款审定表和明细表，并与报表数、总账数及明细账合计数核对是否相符。

2. 根据 2020 年度审计底稿列示的账龄，以及 2021 年的账套资料，划分 2021 年 12 月 31 日应收账款账龄。

3. 向所有应收账款客户发往来款项询证函。

4. 对函证结果有差异的客户，编制函证结果调节表。

5. 对未回函的客户做替代测试。

6. 执行应收账款截止测试。

7. 编制应收账款检查情况表，运用统计抽样或非统计抽样选取样本并追查到原始凭证。

8. 编制坏账准备计算表，测算坏账准备计提的正确性。

9. 根据审计过程中发现的错报，编制调整分录。

10. 编辑审计结论生成到审定表。

11. 进行底稿签名（对编制人与复核人运用当前表页签名与批量签名进行签名）。

实验项目四　营业收入审计

【实验目的】

掌握营业收入审定表、营业收入明细表、业务产品销售分析表、主营业务月度毛利率分析表、产品销售收入、产品销售成本表、主营业务收入截止测试（从发货单到明细账）、主营业务收入截止测试（从明细账到发货单）、主营业务收入检查情况表等底稿的编制。

【实验资料】

1. 产品价格（见表 8-9）

表 8-9　2021 年产品价目　　单位：元

产品名称	销售价格
9 盎司纸杯	200
30 盎司纸碗	100

2. 上年数据（见表 8-10）

表 8-10　2020 年产品收入、成本　　单位：元

产品名称	收入	成本
9 盎司纸杯	6 520 000	3 620 895. 13
30 盎司纸碗	4 206 000	2 903 826. 49

3. 同行数据（见表 8-11）

表 8-11　2021 年同行业收入、成本、毛利率

产品名称	A 公司		B 公司		C 公司		行业平均毛利率/%
	收入/元	成本/元	收入/元	成本/元	收入/元	成本/元	
9 盎司纸杯	8 100 000	5 510 000	7 650 000	4 990 000	8 980 000	5 580 000	32. 9
30 盎司纸碗	7 123 000	4 950 000	8 590 000	5 500 000	7 650 000	5 100 000	34. 3

4. 销售合同和出库单、销售发票

有关销售合同和出库单、销售发票见鼎信诺审计系统“非凭证附件”“总账 & 明细账”中的附件。

审计提示：查验合同与出库单，12 月 29 日发出的纸杯（出库单 00012795）已交付信宜百货公司，未见发票。审阅预收账款明细账，信宜百货公司的货款已预收。

【实验内容】

1. 编制营业收入审定表和明细表，并与报表数、总账数及明细账合计数核对是否相符。

2. 编制产品销售收入、产品销售成本表，比较本期各月各类主营业务收入的波动情况，分析其变动趋势是否正常，查明异常现象和重大波动的原因。

3. 编制毛利率与同行业对比分析表，比较分析毛利率是否正常。

4. 编制主营业务收入截止测试表（从明细账到出库单、从出库单到明细账），检查是否存在提前或滞后确认收入的情况。

5. 编制主营业务收入检查情况表，运用统计抽样或非统计抽样选取样本并追查到原始凭证。

6. 根据审计过程中发现的错报，编制调整分录。

7. 编辑审计结论生成到审定表。

8. 进行底稿签名（对编制人与复核人运用当前表页签名与批量签名进行签名）。

实验项目五　应付账款审计

【实验目的】

掌握应付账款审定表、应付账款明细表、应付账款询证函、应付账款替代测试表、应付账款检查情况表等底稿的编制。

【实验资料】

1. 主要供应商通信地址（见表 8-12）

表 8-12　主要供应商通信地址

供应商名称	通信地址
河北金太阳纸品	石家庄市中华北大街 144 号
成都保岸纸品有限公司	成都市双林路 345 号
大连根深纸制品有限公司	大连市黄河路 211 号
青岛佳印达包装有限公司	青岛河海路 166 号
永泰胶粘制品有限公司	北京市朝阳区区堡头街 51 号
浙江五星纸业	杭州市莫干山路 101 号
瑞安华邦机械有限公司	瑞安市飞云镇吴桥村

2. 供应商回函情况

（1）河北金太阳纸品回函金额为 351 023. 50 元。

（2）永泰胶粘制品有限公司未回函。

（3）其余供应商均已回函，且回函金额均与发函金额一致。

3. 采购合同和入库单、采购发票

有关采购合同和入库单、采购发票见鼎信诺审计系统“非凭证附件”“总账 & 明细账”中的附件。

审计提示：

（1）河北金太阳纸品于 2021 年 12 月 31 日送来 170 克单面 PE 淋膜纸 10 吨，材料已入库（入库单 00004665），发票未到，货款尚未支付，尚未登记入账 JTY2011195 号合同约定此次 170 克单面 PE 淋膜纸采购单价为 6 300 元/吨。

（2）根据合同，2021 年 11 月 22 日和 2021 年 12 月 7 日向青岛佳印达包装有限公司购买的包装物付款条件为交货日后 3/10，2/20，n/30。

【实验内容】

1. 编制应付账款审定表和明细表，并与报表数、总账数及明细账合计数核对是否相符。

2. 对预付廊坊海曙麦吉利纸业有限公司的货款做重分类调整。

3. 向应付账款的供应商发往来款项询证函名称（不列明金额与列明金额两种方式）。

4. 对未回函的应付账款做替代测试。

5. 编制应付账款检查情况表，运用统计抽样或非统计抽样选取样本并追查到原始凭证。

6. 根据审计过程中发现的错报，编制调整分录。

7. 编辑审计结论生成到审定表。

8. 进行底稿签名（对编制人与复核人运用当表页签名与批量签名进行签名）。

实验项目六　管理费用审计

【实验目的】

掌握管理费用审定表、管理费用明细表、管理费用检查表、管理费截止测试表、管理费用检查情况表等底稿的编制。

【实验内容】

1. 编制管理费用审定表和明细表，并与报表数、总账数及明细账合计数核对是否相符。

2. 把管理费用各明细项目，如职工薪酬、无形资产摊销、累计折旧等项目与各有关账户进行核对，分析其钩稽关系的合理性，并编制管理费用检查表，做出相应记录。

3. 抽取资产负债表日前后若干天的凭证，实施截止性测试，检查有无重大跨期项目。

4. 编制管理费用检查情况表，运用统计抽样或非统计抽样选取样本并追查到原始凭证。

5. 根据审计过程中发现的错报，编制调整分录。

6. 编辑审计结论生成到审定表。

7. 进行底稿签名（对编制人与复核人运用当前表页签名与批量签名进行签名）。

实验项目七　存货审计

【实验目的】

掌握存货审定表、存货类别明细表、存货明细表、存货入库截止测试、存货出库截止测试、存货明细账与盘点报告（记录）核对表、存货抽盘核对表、存货询证函、存货计价测试表、存货跌价准备测试表、存货期末可变现净值检查、存货检查情况表等底稿的编制。

【实验资料】

1. 2021 年 12 月 31 日，公司库房保管员对存货进行盘点，结果见表 8-13。

表 8-13　存货盘点清单

2021 年 12 月 31 日

材料名称	单位	数量	库存商品名称	单位	数量
170 克单面 PE 淋膜纸	吨	33.00	9 盎司纸杯	箱	675.00
280 克双面 PE 淋膜纸	吨	32.00	30 盎司纸碗	箱	1 740.00
纸杯底纸片（杯壁纸）	片	839 953.00			
纸杯底纸片（杯底纸）	片	50 047 435.00			
纸碗底纸片（碗壁纸）	片	2 388 314.00			
纸碗底纸片（碗底纸）	片	44 493 003.00			
多纳哈迪纸杯胶水	千克	1 625.00			

注：其他存货略。

2. 2022 年 1 月 3 日，会计师事务所注册会计师及公司财务负责人对公司存货进行了监盘，库房保管员对存货进行盘点，监盘结果见表 8-14。

表 8-14　存货监盘结果

材料名称	单位	数量	库存商品名称	单位	数量
170 克单面 PE 淋膜纸	吨	33.00	9 盎司纸杯	箱	475.00
280 克双面 PE 淋膜纸	吨	32.00	30 盎司纸碗	箱	1 740.00

表8-14(续)

材料名称	单位	数量	库存商品名称	单位	数量
纸杯底纸片（杯壁纸）	片	839 953. 00			
纸杯底纸片（杯底纸）	片	50 047 435. 00			
纸碗底纸片（碗壁纸）	片	2 388 314. 00			
纸碗底纸片（碗底纸）	片	44 493 003. 00			
多纳哈迪纸杯胶水	千克	1 625. 00			

注：其他存货略。

提示：指导教师可以结合教学情况，指导学生进行监盘存货结果的多种情形设定：(1) 账实相符；(2) 溢余；(3) 短缺。

3. 经测算，各项存货可变现净值均高于其账面价值（存货未发生减值）。

4. 采购合同和出入库单、采购发票。

有关采购合同和出入库单见鼎信诺审计系统“非凭证附件”“总账 & 明细账”中的附件。

审计提示：

检查合同、存货出入库单、采购发票，并询问，获知如下信息：

(1) 170 克单面 PE 淋膜纸比原材料明细账溢余 3 吨，材料于 2021 年 12 月 31 日入库，由于发票未到，货款也尚未支付，库房未办理入库手续，财务也尚未登记入账，采购合同（河北金太阳 195 号）约定此次 170 克单面 PE 淋膜纸采购单价为6 300元/吨。

(2) 纸杯底纸片（杯壁纸）比原材料明细账少 200 000 片，为生产车间 2021 年 12 月 30 日领用，库房已办理出库手续（出库单 00005528）。

(3) 纸杯底纸片（杯底纸）比原材料明细账少 200 000 片，为生产车间 2021 年 12 月 30 日领用，库房已办理出库手续（出库单 00005528）。

(4) 多纳哈迪纸杯胶水比原材料明细账少 15 千克，为储存过程中自然损耗。

(5) 12 月 29 日销售发出纸杯 200 箱（出库单 00012795），已交付信宜百货公司。

【实验内容】

1. 编制存货审定表和明细表，并与报表数、总账数及明细账合计数核对是否相符。

2. 编制存货监盘结果汇总表和存货明细账与盘点报告（记录）核对表。

3. 针对纸杯底纸片（杯壁纸）和纸杯底纸片（杯底纸）进行存货出入库截止测试。

4. 对 280 克双面 PE 淋膜纸和纸碗底纸片（碗壁纸）进行计价测试。

5. 根据审计过程中发现的错报，编制调整分录。

6. 编辑审计结论生成到审定表。

7. 进行底稿签名（对编制人与复核人运用当前表页签名与批量签名进行签名）。

实验项目八　长期股权投资审计

【实验目的】

掌握长期股权投资审定表、账项明细表、明细表、明细表（横向列式）、减值准备测试表、成本法明细增减表、权益法明细增减表、长期股权投资权益法测算表、长期股权投资检查情况表等底稿的编制。

【实验资料】

北京惠洁纸杯厂 2020 年 7 月 1 日以 120 万元的价格购入彩虹纸制品有限公司 60%的股权，未计提减值准备。当日彩虹纸制品有限公司可辨认净资产公允价值为 180 万元（可辨认净资产的公允价值与账面价值相同）。2021 年 6 月 30 日，北京惠洁纸杯厂将其持有的对彩虹纸制品有限公司长期股权投资中的 1/3 出售给立信公司，出售取得价款 60 万元。当日彩虹纸制品有限公司可辨认净资产公允价值总额为 260 万元。自取得对彩虹纸制品有限公司长期股权投资后（2020 年 7 月 1 日）至处置前（2021 年 6 月 30 日），彩虹纸制品有限公司实现净利润 60 万元。彩虹纸制品有限公司一直未进行利润分配。除所实现净损益外，彩虹纸制品有限公司未发生其他计入资本公积的交易或事项，彩虹纸制品有限公司按净利润的 10%提取盈余公积。在出售 20%股权后，北京惠洁纸杯厂对彩虹纸制品有限公司的持股比例为 40%，在被投资单位董事会中派有代表，但不能对彩虹纸制品有限公司的生产经营决策实施控制。

【实验内容】

1. 编制长期股权投资审定表和明细表，并与报表数、总账数及明细账合计数核对是否相符。

2. 编制长期股权投资其他相关底稿。

3. 根据审计过程中发现的错报，编制调整分录。

4. 编辑审计结论生成到审定表。

5. 进行底稿签名（对编制人与复核人运用当前表页签名与批量签名进行签名）。

实验项目九　长期借款审计

【实验目的】

掌握长期借款审定表、账项明细表、明细表、长期借款应计利息审核表、借款利息测算表、利息分配情况检查表、银行询证函、长期借款检查情况表等底稿的编制。

【实验资料】

1. 北京惠洁纸杯厂2021年6月30日向大海公司借入款项500万元用于公司生产经营。借款合同规定：还款日期为20×2年6月30日，借款利率为12%，到期一次还本付息气已将该笔借款计入其他应付款。

2. 假定长期借款的实际利率与合同利率相同。

【实验内容】

1. 编制长期借款审定表和明细表，并与报表数、总账数及明细账合计数核对是否相符。

2. 编制长期借款其他相关底稿。

3. 根据审计过程中发现的错报，编制调整分录。

4. 编辑审计结论生成到审定表。

5. 进行底稿签名（对编制人与复核人运用当前表页签名与批量签名进行签名）。

实验项目十　固定资产审计

【实验目的】

掌握固定资产审定表、明细表、折旧分配测算表、折旧测算表、减值准备测试表、固定资产盘点检查表、固定资产增加检查表、固定资产减少检查表、固定资产增减明细审定表等底稿的编制。

【实验资料】

1. 固定资产卡片记录的信息（见表8-15）

表8-15　2021年末固定资产明细卡片

名称	原值/元	开始使用时间	累计折旧年限	净残值率/%
房屋建筑物：				
厂房	2 526 316.00	2009-04	40	5
小计	2 526 316.00	—	—	—

表8-15(续)

名称	原值/元	开始使用时间	累计折旧年限	净残值率/%
办公设备:				
联想台式电脑	3 200.00	2009-5	5	5
联想台式电脑	3 200.00	2009-5	5	5
联想台式电脑	3 200.00	2009-5	5	5
联想台式电脑	4 000.00	2010-12	5	5
联想台式电脑	4 000.00	2010-12	5	5
小计	17 600.00	—	—	—
生产设备:				
纸杯机	43 400.00	2009-4	10	5
纸杯机	43 400.00	2009-4	10	5
纸杯机	43 400.00	2009-4	10	5
纸杯机	43 400.00	2009-4	10	5
纸杯机	43 400.00	2009-4	10	5
纸杯机	43 400.00	2009-4	10	5
纸杯机	43 400.00	2009-4	10	5
纸杯机	43 400.00	2009-4	10	5
纸杯机	43 400.00	2009-4	10	5
纸杯机	43 400.00	2009-4	10	5
纸碗机	56 800.00	2009-4	10	5
纸碗机	56 800.00	2009-4	10	5
纸碗机	56 800.00	2009-4	10	5
纸碗机	56 800.00	2009-4	10	5
纸碗机	56 800.00	2009-4	10	5
纸碗机	56 800.00	2009-4	10	5
纸杯机	43 000.00	2011-3	10	5
纸杯机	43 000.00	2011-3	10	5
纸杯机	43 000.00	2011-3	10	5

表8-15(续)

名称	原值/元	开始使用时间	累计折旧年限	净残值率/%
纸杯机	43 000.00	2011-3	10	5
纸杯机	43 000.00	2011-3	10	5
纸碗机	57 600.00	2011-3	10	5
纸碗机	57 600.00	2011-3	10	5
纸碗机	57 600.00	2011-6	10	5
纸杯机	43 600.00	2011-6	10	5
纸杯机	43 600.00	2011-6	10	5
纸杯机	43 600.00	2011-6	10	5
纸杯机	43 600.00	2011-6	10	5
纸杯机	43 600.00	2011-6	10	5
小计	1 380 600.00	—	—	—
交通设备:				
小货车	82 000.00	2009-9	5	5
面包车	96 000.00	2009-12	5	5
轿车	160 000.00	2011-5	5	5
小计	338 000.00	—	—	—
合计	4 262 516.00	—	—	—

2. 2022 年 1 月 8 日，观察盘点固定资产，结果见表 8-16。

表 8-16　固定资产数量明细

固定资产名称	数量
厂房	1 栋
小货车	1 辆
轿车	1 辆
联想台式电脑	5 台
纸杯机	20 台
纸碗机	9 台

提示：指导教师可以结合教学情况，指导学生进行其他情形的设定。

3. 假定固定资产的产权证书齐全、真实。

4. 固定资产折旧方法和净残值率都与税法规定保持一致。

5. 经观察并询问得知，两年前的 4 月购入的一台纸杯机，因频繁出现故障，于 2021 年 5 月开始进行大修理，2021 年 12 月才再次投入使用。

6. 2021 年 6 月，由于北京市对黄标车的严格控制，本公司某型号的面包车市场价大幅降低，预计本公司的面包车若出售，可收回金额为 5 万元。

7. 2021 年年底，对公司固定资产进行减值测试，公司两年前的 9 月购买的小货车预计未来现金流量净值为 3.5 万元。

【实验内容】

1. 编制固定资产审定表和明细表，并与报表数、总账数及明细账合计数核对是否相符。

2. 编制折旧分配测算表和测算本期折旧，复核本期折旧费用的计提和分配。

3. 编制固定资产减值准备测试表。

4. 编制固定资产增加检查表和固定资产减少检查表。

5. 根据审计过程中发现的错报，编制调整分录。

6. 编辑审计结论生成到审定表。

7. 进行底稿签名（对编制人与复核人运用当前表页签名与批量签名进行签名）。

实验项目十一　应付职工薪酬审计

【实验目的】

掌握应付职工薪酬审定表、明细表、月明细表、应付职工薪酬计提检查情况表、应付职工薪酬分配检查情况表、应付职工薪酬年度比较表、应付职工薪酬（支付）检查情况表等底稿的编制。

【实验资料】

公司计提“五险一金”及工会经费、职工教育经费的见表 8-17。

表 8-17　“五险一金”、工会经费、职工教育经费计提比例

项目	计提基数	计提比例/%
养老保险费	上年月平均工资总额	20
住房公积金	同上	8
医疗保险费	同上	10

表8-17(续)

项目	计提基数	计提比例/%
失业保险费	同上	1.5
生育保险费	同上	0.8
工伤保险费	同上	0.5
工会经费	本月工资总额	2
职工教育经费	同上	2.5

【实验内容】

1. 编制应付职工薪酬审定表和明细表，并与报表数、总账数及明细账合计数核对是否相符。

2. 编制应付职工薪酬计提检查情况表，测算各项经费的计提是否正确，依据是否充分。

3. 编制应付职工薪酬分配检查情况表，检查社会保险费、住房公积金、工会经费和职工教育经费等计提（分配）和支付（或使用）的会计处理是否正确，依据是否充分。

4. 根据审计过程中发现的错报，编制调整分录。

5. 编辑审计结论生成到审定表。

6. 进行底稿签名（对编制人与复核人运用当前表页签名与批量签名进行签名）。

实验项目十二　货币资金审计

【实验目的】

掌握货币资金审定表、货币资金账项明细表、银行存款明细表、库存现金监盘表、对银行存款余额调节表的检查、银行存款大额未达账项检查表、银行询证函、截止测试、大额库存现金收支检查情况表、大额银行存款收支检查情况表等底稿的编制。

【实验资料】

1. 库存现金盘点表

2022 年 1 月 4 日早晨 8：00，注册会计师会同财务部部长对公司现金进行了监盘，盘点结果见表 8-18。

表 8-18　库存现金盘点

面额	张（枚）数	金额/元	备注
100 元	5	500.00	金库内发现现金以外的单据： （1）2021 年 12 月 29 日王鑫出差借款单一张，金额 1 300.00 元。 （2）中国银行 2021 年 11 月 20 日起存，2023 年 11 月 20 日到期金额 1 000 000.00元定期存单一张（见鼎信诺审计系统“非凭证附件”）
50 元	3	150.00	
20 元	1	20.00	
10 元	0	0.00	
5 元	4	20.00	
2 元	0	0.00	
1 元	5	5.00	
5 角	1	0.50	
2 角	4	0.80	
1 角	6	0.60	
5 分	1	0.05	
2 分	1	0.02	
1 分	1	0.01	
合计	—	396.98	

提示：教师应根据教学进展和学生的学习情况对学生进行分组，或者模拟账项与实际交易相符、长账、短款等审计情形并让学生轮流处理。

2. 银行对账单

（1）12 月份中国银行对账单（见表 8-19）

表 8-19　中国银行对账单

2021/12/1-2021/12/31

户名：北京惠洁纸杯厂　　邮编：1300002　地址：北京市昌平区沙河路 1002 号

账号：41006888068　　期初余额 1 000 000.00　　货币：CNY

序号	记账时间	结算号	业务说明	借方（支取）	贷方（存入）	余额
1	2021-11-21		中国银行存款利息		41 400.00	1 041 400.00
	发生额合计		0	41 400.00	1 041 400.00	

（2）2021 年 12 月份交通银行对账单（见表 8-20）

表 8-20　交通银行对账单

2021/12/1-2021/12/31

地址：北京市昌平区沙河路 1002 号

货币：CNY　　单位：元

序号	记账时间	业务说明	借方（支取）	贷方（存入）	余额
1	2021-12-2	收到禹天商贸货款	0	350 000. 00	9 228 708. 12
2	2021-12-4	收到乐福公司预付货款	0	369 790. 00	9 598 498. 12
3	2021-12-5	提现发工资	67 653. 80	0	9 530 844. 32
4	2021-12-5	银行代扣 11 月社保	36 832. 50	0	9 494 011. 82
5	2021-12-5	银行代扣 11 月住房公积金	15 174. 00	0	9 478 837. 82
6	2021-12-5	缴纳 11 月个人所得税	45. 7	0	9 478 792. 12
7	2021-12-5	交纳面包车保险费	6 000. 00	0	9 472 792. 12
8	2021-12-5	收到彩虹礼品公司货款	0	500 000. 00	9 972 792. 12
9	2021-12-6	电汇材料款及手续费	150 014. 50	0	9 822 777. 62
10	2021-12-7	缴纳税金	171 920. 09	0	9 650 857. 53
11	2021-12-9	收到海天预付货款	0	200 000. 00	9 850 857. 53
12	2021-12-19	电汇材料款及手续费	332 014. 50	0	9 518 843. 03
13	2021-12-20	电汇材料款及手续费	100 014. 50	0	9 418 828. 53
14	2021-12-20	收到庆客隆货款	0	201 860. 00	9 620 688. 53
15	2021-12-20	收到胜利集团货款	0	500 000. 00	10 120 688. 53
16	2021-12-22	付胶水款	56 078. 00	0	10 064 610. 53
17	2021-12-23	电汇材料款及手续费	125 314. 50	0	9 939 296. 03
18	2021-12-23	付浙江五星纸业 280g 淋膜纸款及电汇手续费	282 152. 50	0	9 657 143. 53
19	2021-12-24	收到城乡仓储超市货款	0	146 162. 00	9 803 305. 53
20	2021-12-25	电汇材料款及手续费	296 024. 50	0	9 507 281. 03
21	2021-12-26	付水电费	19 052. 65	0	9 488 228. 38
22	2021-12-26	收到恒丰货款	0	400 000. 00	9 888 228. 38
23	2021-12-27	收到北京兴华货款	0	201 513. 00	10 089 741. 38
24	2021-12-28	电汇材料款及手续费	100 014. 50	0	9 989 726. 88

表8-20(续)

序号	记账时间	业务说明	借方（支取）	贷方（存入）	余额
25	2021-12-29	存款利息	0	1 054. 50	9 990 781. 38
26	2021-12-30	收到面包车出售价款	0	50 000. 00	10 040 781. 38
27	2021-12-31	收到胜利集团货款		200 000. 00	10 240 781. 38
		发生额合计	1 758 306. 24	3 120 379. 50	10 240 781. 38

（3）2022 年 1 月份交通银行对账单（见表 8-21）

表 8-21　交通银行对账单

2022/1/1-2022/1/31

地址：北京市昌平区沙河路 1002 号

货币：CNY　　　　单位：元

序号	记账时间	业务说明	借方（支取）	贷方（存入）	余额
1	2022-1-4	养路费	3 960. 00		10 236 821. 38
2	2022-1-5	提现发工资	67 653. 80		10 169 167. 58
3	2022-1-5	银行代扣上年 12 月社保	36 832. 50		10 132 335. 08
4	2022-1-5	银行代扣上年 12 月住房 公积金	15 174. 00		10 117 161. 08
6	2022-1-5	缴纳上年 12 月个人所得税	45. 7		10 117 115. 38
7	2022-1-6	提现	3 000. 00		10 114 115. 38
8	2022-1-6	电汇材料款及手续费	400 014. 50		9 714 100. 88
9	2022-1-6	预付加工费	30 000. 00		9 684 100. 88
10	2022-1-6	缴纳税金	810 713. 71		8 873 387. 17
11	2022-1-7	付胶水款	100 000. 00		8 773 387. 17
12	2022-1-8	电汇材料款及手续费	500 014. 50		8 273 372. 67
13	2022-1-11	收到国航货款		227 307. 60	8 500 680. 27
14	2022-1-15	收到北京兴华货款		477 438. 40	8 978 118. 67
15	2022-1-17	收到迪斯康特公司预付货 款		100 000. 00	9 078 118. 67
16	2022-1-20	收到庆客隆货款		500 000. 00	9 578 118. 67
17	2022-1-20	收到城乡仓储超市货款		500 000. 00	10 078 118. 67
18	2022-1-22	收到恒丰货款		100 000. 00	10 178 118. 67

表8-21(续)

序号	记账时间	业务说明	借方（支取）	贷方（存入）	余额
19	2022-1-26	付水电费	21 049.05		10 157 069.62
20	2022-1-28	提现	5 000.00		10 152 069.62
21	2022-1-28	收到彩虹礼品公司货款		20 817.00	10 172 886.62
	发生额合计		1 993 457.76	1 925 563.00	72 886.62

3. 银行存款余额调节表（中国银行）（见表 8-22）

表 8-22　银行存款余额调节表

2021 年 12 月 31 日

开户行：交通银行北京沙河支行　账号：26703012345　　　　单位：元

（1）银行存款日记账 12 月余额 10 036 821.38								（4）银行对账单 12 月余额 10 240 781.38							
（2）加：银行已记账，记账单位未记账的收入凭证				（3）减：银行已记账，记账单位未记账的付出凭证				（5）加：单位已记账，银行尚未记账的收入凭证				（6）减：单位已记账，银行尚未记账的付出凭证			
月	日	摘要	金额	月	日	摘要	金额	月	日	摘要	金额	月	日	摘要	金额
12	31	胜利集团货款	200 000.00									12	25	付养路费	3 960.00
		合计	200 000.00			合计				合计				合计	3 960.00
调整后余额：（1）+（2）-（3）=							10 236 821.38	调整后余额：（4）+（5）-（6）=							10 236 821.38

编制人：××　　　　复核人：××

4. 函证银行存款

2022 年 1 月 6 日执行银行存款函证。关于开户行函证结果的情形设定举例：

（1）函证结果相符。

（2）在中国银行有 2 年期定期银行存款 1 000 000 元。

（3）存在银行借款 500 000 元。

提示：经询问，得知 2021 年 11 月记 059 号凭证所记业务为一年期定期存款利息计息，本期该存款转存为两年期定期存款。

【实验内容】

1. 编制货币资金审定表和明细表，并与报表数、总账数及明细账合计数核对是否相符。

2. 编制库存现金监盘表。

3. 编制银行存款明细表，并核对银行对账单，如果有差异，再与银行存款余额调整表核对是否相符。

4. 检查银行存款余额调节表，并确定是否需要审计调整。

5. 对银行存款余额进行函证，并根据实际情况编制银行存款函证结果汇总表和函证结果调节表。

6. 对银行存款基本账户，编制截止测试表；在日前记录中选择两笔生成凭证。

7. 编制大额现金收支检查情况表，抽样检查大额库存现金收支，追查至原始凭证。

8. 编制大额银行存款收支检查情况表，抽样检查大额银行存款收支，追查至原始凭证。

9. 根据审计过程中发现的错报，编制调整分录。

10. 编辑审计结论生成到审定表。

11. 进行底稿签名（对编制人与复核人运用当前表页签名与批量签名进行签名）。

实验项目十三　业务完成阶段审计工作

【实验目的】

了解审计报告阶段的工作流程和内容，掌握账项调整分录汇总表、重分类调整分录汇总表、列报调整汇总表、未更正错报汇总表以及试算平衡表的编制。

【实验资料】

结合教学情况，指导教师可指导学生分组进行审计结论的情形设定，并判断审计意见类型。

1. 2022 年 2 月 18 日注册会计师完成了审计工作，获取了充分适当的审计证据，足以对已审的财务报表发表审计意见。

（1）对于发现的所有应予调整和披露的事项，被审计单位均同意调整或披露。

（2）对于发现的应予调整和披露的事项，被审计单位部分或全部未接受调整建议。评估未更正错报影响是否重要及重要程度。

2. 审计范围（局部）受限

例如，应收账款无法函证，存货无法监盘，又不能执行替代审计程序。评估审计范围受限是否严重及严重程度。

【实验内容】

1. 召开项目组会议，汇总审计过程中发现的审计差异，确定建议被审计单位调整的事项，编制账项调整分录汇总表、重分类调整分录汇总表、列报调整汇总表、未更正错报汇总表以及试算平衡表草表。

2. 与被审计单位召开总结会，就下列事项进行沟通，形成总结会会议纪要并经双方签字认可。

（1）审计意见的类型及审计报告的措辞。

（2）账项调整分录汇总表、重分类调整分录汇总表、列报调整汇总表、未更正错报汇总表以及试算平衡表草表。

（3）对被审计单位持续经营能力具有重大影响的事项。

（4）含有已审计财务报表的文件中的其他信息对财务报表的影响。

（5）对完善内部控制的建议。

（6）执行该项审计业务的注册会计师的独立性。

（7）获得被审计单位同意账项调整、重分类调整和列报调整事项的书面确认。如果被审计单位不同意调整，应要求其说明原因。根据未更正错报的重要性，确定是否在审计报告中予以反映，以及如何反映。

（8）就上述有关问题与治理层沟通，提交书面沟通函，并获得治理层的确认。

3. 编制正式的试算平衡表。

4. 对财务报表进行总体复核，评价财务报表总体合理性。如果识别出以前未识别的重大错报风险，应重新考虑对全部或部分交易、账户余额、列报评估的风险是否恰当，并在此基础上重新评价之前实施的审计程序是否充分，是否有必要追加审计程序。

5. 将项目组成员间意见分歧的解决过程记录于专业意见分歧解决表中。汇总重大事项，编制重大事项概要。

6. 评价审计结果，形成审计意见，并草拟审计报告。

（1）对重要性和审计风险进行最终评价，确定是否需要追加审计程序或提请被审计单位做必要调整。

（2）按财务报表项目确定可能的错报金额。

（3）确定财务报表项目可能错报金额的汇总数（即可能错报总额）对财务报表层次重要性水平的影响程度。

（4）对被审计单位已审计财务报表形成审计意见并草拟审计报告。

7. 由项目负责经理复核工作底稿。

8. 由项目负责合伙人复核工作底稿。

9. 必要时，实施项目质量控制复核。

10. 获取经签署的管理层声明书，并确定其签署日期与审计报告的日期一致。

11. 撰写审计总结。

12. 完成审计工作完成情况核对表。

13. 完成业务复核核对表。

14. 正式签发审计报告。

参考文献

［1］李晓慧. 审计学：实务与案例［M］. 5版. 北京：中国人民大学出版社，2021.

［2］刘汝焯，任有泉. 计算机审计情景案例［M］. 北京：清华大学出版社，2006.

［3］景波. 计算机审计实用教程［M］. 北京：清华大学出版社，2013.

［4］秦荣生，卢春泉. 审计学［M］. 10版. 北京：中国人民大学出版社，2019.

［5］徐晓鹏. 计算机审计［M］. 重庆：重庆大学出版社，2021.

［6］曾义，邓小芬. 计算机辅助审计实训教程：鼎信诺审计系统［M］. 武汉：华中科技大学出版社，2021.

［7］吴笑凡，曹洪泽. 审计数据采集与分析［M］. 北京：清华大学出版社，2016.

［8］张莉. 计算机数据审计：大数据环境下的审计实务与案例分析［M］. 北京：清华大学出版社，2021.

［9］杨书怀. 基于鼎信诺审计系统［M］. 上海：复旦大学出版社，2014.

［10］陈福军. 计算机辅助审计应用教程［M］. 北京：清华大学出版社，2011.

［11］陈伟. 计算机辅助审计原理及应用：大数据审计基础［M］. 4版. 北京：清华大学出版社，2020.

［12］马春静. 计算机辅助审计实用教程［M］. 2版. 上海：上海财经大学出版社，2018.

笔 · 记 · 用 · 纸

笔 · 记 · 用 · 纸

笔 · 记 · 用 · 纸

笔 · 记 · 用 · 纸

笔 · 记 · 用 · 纸

笔 · 记 · 用 · 纸

笔·记·用·纸

笔·记·用·纸

笔·记·用·纸

笔·记·用·纸

笔·记·用·纸

笔 · 记 · 用 · 纸

笔·记·用·纸

笔 · 记 · 用 · 纸

笔·记·用·纸

笔 · 记 · 用 · 纸